참여박물관

The Participatory Museum

by Nina Simon

오명숙吳明淑, Oh, Myoungsuk(E-mail: museumschool@naver.com)
교육학박사. 새롭게보는박물관교육센터 대표. (사)한국박물관학회 이사. 성공회대 외래교수.
박사학위 논문은 「박물관을 통한 성인여성의 교육적 성장에 관한 연구」(2014)다.
학술논문으로는 「박물관교육자료 개발의 쟁점 및 개선방향 연구」, 「박물관교육의 평생교육적 함의」, 「어린이박물관
전시개발에 대한 교육비평」 등이 있다.

이주현李周炫, Lee, Joohyun(E-mail: englishjhlee@gmail.com)
고려대학교 동양사학과를 졸업하고 미국 컬럼비아 대학교(Columbia University)에서 박물관학(Museum Anthropology)
석사 학위를 취득하였다. 미국의 메트로폴리탄 미술관(The Metropolitan Museum of Art), 미국 자연사 박물관(American
Museum of Natural History), 에리 운하 박물관(Erie Canal Museum), 에버슨 미술관(Everson Museum of Art)에서의
인턴쉽을 거쳐 현재 재단법인 예올의 팀장으로 재직하고 있다.

황규진黃圭珍, Hwang, Kyujin(E-mail: kyujinhwang@hanmail.net)
고려대학교 고고미술사학과를 졸업하고 영국 런던 시티대학교(City University London)의 예술정책대학원에서 박물관
미술관 경영학(Museum & Gallery management) 석사학위를 받았다. 지구촌민속박물관, 창조자연사박물관, 자하미술관
학예사를 역임했으며, 현재 한국학예사협동조합 이사를 맡고 있다.
주요 논문으로는 「미술관에 있어서의 쌍방향 전시」, 「참여박물관과 참여전시의 활용」 등이 있다.

박물관학 문고 009
참여박물관

초판1쇄 발행 2015년 10월 20일

읽고 쓴 이 오명숙·이주현·황규진 **펴낸이** 홍기원
편집주간 박호원 **총괄** 홍종화
편집·디자인 오경희·조정화·오성현·신나래·김선아·남지원
　　　　　　 이효진·남도영·이상재
관리 박정대·최기엽
펴낸곳 민속원 **출판등록** 제18-1호
주소 서울 마포구 대흥동 337-25 **전화** 02) 804-3320, 805-3320, 806-3320(代)
팩스 02) 802-3346
이메일 minsok1@chollian.net, minsokwon@naver.com
홈페이지 www.minsokwon.com

ISBN 978-89-285-0750-4 94900
　　　978-89-285-0300-1 SET

ⓒ 오명숙·이주현·황규진, 2015
ⓒ 민속원, 2015, Printed in Seoul, Korea

저작권법에 의해 한국 내에서 보호를 받는 저작물이므로 무단전재와 복제를 금합니다.
이 책 내용의 전부 또는 일부를 이용하려면 반드시 저작권자와 민속원의 서면동의를 받아야 합니다.
이 도서의 국립중앙도서관 출판시도서목록(CIP)은 서지정보유통지원시스템 홈페이지(http://seoji.nl.go.kr)와
국가자료공동목록시스템(http://www.nl.go.kr/kolisnet)에서 이용하실 수 있습니다. (CIP제어번호 : CIP2015027139)

※ 책 값은 뒤표지에 있습니다.
※ 잘못된 책은 바꾸어 드립니다.

참여박물관

The Participatory Museum

오명숙 · 이주현 · 황규진 읽고 씀

민속원

　이 책의 제목은 『참여박물관The Participation Museum』이다. 마치 박물관의 명칭처럼 참여가 강조된다. 제목에서부터 '참여'의 주체가 박물관이 아니라 지역민이 참여자가 되어야 한다는 선언적인 의미를 내포하고 있다. '참여'라는 말은 흔히 정치에서 쓰이고, 박물관의 용어로는 많이 쓰이지 않았던 게 사실이다. 글을 함께 쓴 필자 셋은 처음에 '참여'라는 말이 조금 낯설게 느껴졌다. 우리에게 참여란 박물관의 인터렉티브 전시를 지칭하는 말로 이해했기 때문이다. 차츰 책을 읽어 내려가면서 박물관의 존재 자체가 '참여'여야 함을 우리는 알 수 있었다.

　이 책은 박물관이 '존중해야 할 사람들'에 관한 이야기다. 초점은 참여하는 방법만이 아니라 협력하는 방법까지 담아내고 있다. 박물관의 존재가치를 공동체로 여실히드러내고 있다. 우리는 공동 작업 과정에서 참여는 무엇이어야 하는가를 줄곧 생각해 보게 되었다. 저자에게 이 책의 의미는 미국의 사례를 담고 있지만 세계의 시민들과 어떻게 함께 할 것인가를 묻고 고민한 결과라 할 수 있다. 단언컨대 독자들은 이 책에서 박물관에서는 어떻게 '놀고, 생각하고, 어울릴 수 있는가'를 마주하게 될 것이다.

　이 책은 크게 두 장으로 구성되어 있다. 앞 장은 참여를 위한 설계와 디자인에 대한 것으로 참여의 핵심적 원칙들과 전시와 교육 프로그램 그리고 관람객서비스를 더 참여적으로 만들기 위한 방법을 제시한다. 뒷 장은 참여의 실제에 관한 것으로 참여 프로젝트 모델을 제시하고 어떻게 개선하고 평가하고 진행할 것인지에 대해 조언한다.

　필자들은 사단법인 한국박물관학회 회원이다. 박물관학의 관점으로 이 책의 내용을 가려 뽑고 전달하고자 하였다. 이 책을 선정한 이유는 박물관이 지역민들의 삶에 밀착되길 바라는 마음이 컸다. 이 책에서 안내하는 참여의 구체적인 방법들을 활용하여 우리 박물관에도 진정한 참여의 모델이 만들어지길 기대한다.

저자 니나 사이몬은 프리랜서 박물관전시기획자로, 전자공학 학사 학위를 가지고 있으며 우스터 폴리테크닉 대학Worcester Polytechnic Institute 석사를 마쳤다. 나사 우주항공센타에서 근무하였으며(2002~2004년), 2004년 보스턴과학관 청소년 프로그램 스텝, 액톤 디스커버리 박물관 교육 및 전시스텝, 캐피탈 어린이 박물관의 에듀케이터로 일한 이래로 현재까지 역동적이고 관람자 중심의 전시 및 교육 프로그램을 개발하는 일을 하고 있다. 현재 워싱턴대학 박물관학 과정 겸임교수이자, 산타크루즈 미술역사박물관Santa Cruz Museum of Art & History 이사이며, Museum 2.0이라는 디자인 회사를 운영하고 있으며 스미소니언을 비롯 세계 각국의 다양한 박물관 프로젝트에 참여하고 있다. 저서로는 『참여박물관The Participatory Museum』, 『참여의 미래The Future of Participation』 등이 있다.

읽고 쓴
오명숙 · 이주현 · 황규진 일동

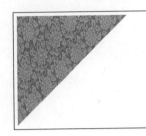

　박물관이나 미술관 등의 기관에서 참여란 어떠한 의미
를 지니는가. 우리가 언뜻 생각하기엔 관람자가 박물관에서
제공하는 각종 교육 프로그램 등에 참가하여 활동하는 것을
주로 연상하기 쉽다. 그러나 저자인 니나 사이몬Nina Simon
은 참여란 단순히 관람자가 수동적으로 참가하는 것만 아니
라 능동적으로 프로그램을 개발할 수 있고, 참여 자체 역시
여러 단계로 나뉘어 진행될 수 있다고 본 장에서 주장한다.
　저자는 2004년 시카고에 위치한 박물관을 방문했을 때
의 경험을 언급하면서 박물관의 관람자 참여에 관한 의견
을 전개하고 있다. 저자가 방문했던 박물관에서는 관람자들
이 전시실에 마련된 비디오카메라 앞에서 셀프 촬영을 통
해 전시에 대한 감상을 공유하는 프로그램이 진행되고 있
었는데, "알아들을 수 없는 소리로 웅얼거리는 사람들이나

제1장
참여의 원칙
Principles of Participation

이주현

꺅꺅거리고 소리지르는 십대 청소년들 두 부류로만 나뉜 형편없는 참여"(1쪽)[1]였다고 비판하고 있다. 그러나 저자는 이러한 결과를 이끌어 낸 것의 원인이 참여자들이 아니라 참여 프로그램의 올바르지 않은 설계였다고 말한다. 그렇다면 어떻게 참여박물관에서 심도 있는 관람자 참여 방식을 설계할 수 있을까? 저자는 주제별로 나뉜 각 장에서 구체적인 수단과 방법을 소개하며 박물관에 바로 적용이 가능한 실용적인 방식을 제시한다.

우선, 저자는 박물관에서 기존의 전시와 참여 프로젝트와의 차이에 대해 설명한다. 전통적인 전시 디자인이 관람자에게 일방적으로 정보와 지식을 전달하는 것이었다면, 참여

1_ 쪽 표기는 원서의 쪽수임을 밝힘.

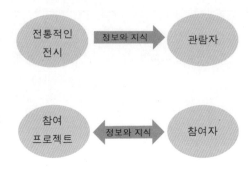

프로젝트는 다각도에서 정보 전달이 이루어진다. 즉, 박물관은 "플랫폼platform"(2쪽)으로 기능하여 관람자과 참여자, 컨텐츠 제공자 들이 서로 정보를 공유할 수 있게 한다는 것이다. 여기서 발생할 수 있는 문제점으로 저자는 컨텐츠의 질적 수준이 일정하지 않을 수 있다는 점을 꼽았으나, 참여 프로젝트의 장점이 이러한 단점을 충분히 넘어선다고 답하고 있다. 성공적인 참여 프로젝트는 "박물관 종사자와 관람자, 지역사회 참여자와 박물관 후원자 간의 관계를 유연하고 대등"(3쪽)하게 만들어 준다. 이는 본 저서의 핵심이라고 할 수 있는 주제인, 관람자를 컨텐츠를 제작하고 배포하는 주체로서 신뢰하는 것이 밑바탕이 되어야 한다고 할 수 있다.

우리 사회 실정에서 박물관 종사자들은 관람자를 얼마나 신뢰한다고 할 수 있을까. 참여 프로젝트를 진행한다 해도 진정으로 관람자를 주체로 세우고 있는지, 아니면 단순히 관람자의 흥미를 유발시키기 위한 수단으로 관람자를 참여자로 둔갑시키면서 그들이 제공하는 컨텐츠는 아마추어적이라고 경시하는지에 대해 진지하게 비판해 볼 필요가 있다고 생각한다. 본 저서는 이러한 점에서 우리 박물관 사회에 일침을 가한다고 할 수 있을 것이다.

그렇다면 관람자 참여를 실현시킬 수 있는 방법은 어떠한 것이 있을까? 저자는 우선 2000년 대 중반부터 보급된 소셜 네트워크를 일례로 들고 있다. 우리 사회에도 널리 퍼진 개인 홈페이지나 블로그가 문화 컨텐츠 보급에 핵심적인 역할을 할 수 있다는 뜻이다. 그러나 저자는 인터넷을 통한 관람자 참여는 단순히 시작일 뿐이라고 말한다. 인터넷에서 공유되는 참여자의 의견을 기반으로 현실의 박물관에서 전문가의 손길을 거친 프로젝트가 진행된다면, "문화재 관련 기관들은 우리 주변에서 가장 손쉽게 접할 수 있는 참여 공간"(4쪽)이 될 수 있을 것이다.

그러나 필자는 모든 관람자들이 참여 프로젝트에 적극적으로 참가하고 싶은 것은 아니라는 저자의 의견에 동의한다. 새로운 각도에서 참여자와의 적극적인 접촉을 시도하는 프로그램을 원하는 관람자가 있는 반면에, 지식의 전달을 목적으로 하는 기존의 권위적인 전시를 선호하는 관람자도 있는 것이다. 박물관을 방문하는 것을 하나의 지적知的인 의식으로 간주하여 엄숙한 분위기의 전시를 관람하고자 하는 관람자도 분명히 존재한다. 하지만 창의적이고 역동적인 활동을 선호하며 특히 소셜 네트워크에 능통한 젊은 층의 관람자라면 이러한 권위적인 전시 공간을 회피할 수도 있다. 모든 층의 관객을 아우르려면 상호 소통이 가능한 전시를 통해 젊은 관람자의 이용을 유도하는 것 역시 박물관에 필수적인 것이다.

반면에 어느 한 쪽의 이득을 위해 박물관이 프로그램을 운영하는 것이 바람직한가 하는 의문이 생긴다. 저자는 박물관의 존재 목적인 연구, 교육, 수집과 보존이 상호 충돌되는 것은 바람직하지 않다는 원칙을 통해 박물관은 하나의 목적만을 위해 운영되어서는 안 된다고 역설하고 있다. 즉, 박물관이 보존이 필요한 유물을 연구를 위해 개방하는 등 상호 모순될 수 있는 목적을 동시에 추구하듯이 다양한 관람자층을 섭렵하는 것 또한 박물관에 있어서 필수적인 것이다. 즉, 창의적인 프로그램을 선호하는 관람자와 권위적인 전시를 선호하는 관람자가 구분되지만 어느 한 쪽만을 우선시할 수 없듯이, 적극적인 참여 프로그램 역시 박물관이 관람자와 상호 소통하는 여러 수단 중 하나로만 간주되어야 한다는 것이다. 저자는 향후 20년 간 참여 프로그램이 박물관 업계에서 더욱 번성할 것이라고 예견하고 있다. 그러나 참여 프로그램은 관람자와의 의사소통을 위해 박물관이 선택할 수 있는 여러 가지 방법 중의 하나일 뿐이다. 어린이박물관이나 과학박물관의 전시 대부분이 관람자 참여를 유도하는 프로그램으로 이루어져 있다면 미술관이나 역사박물관은 그 비중이 상대적으로 적다. 각 박물관이 어떠한 방법을 통해 관람자와 소통할 지는 박물관마다 다를 것이고, 참여 프로그램은 그 목적을 위한 여러 도구 중의 하나로 충분히 활용될 것이다.

다음으로, 저자는 참여 프로그램이 효과적이기 위해서는 프로그램의 디자인이 중요하다는 것을 강조한다. 앞서 언급한 시카고 박물관의 셀프 촬영과 같은 프로그램 디자인은 관람자 참여 유도에 도움이 되지 않는다는 것이다. 성공적인 디자인의 일례로 저자는 네덜란드에 위치한 Oost 도서관Bibliotheek Haarlem Oost을 언급하는데, 이 예시는 7장에서 다루고 있는 "디자인 챌린지"와 연관 지어 생각해 볼 수 있는 사례이다. Oost 도서관은 열람자들이 책을 읽은 후 "어린이들에게 추천great for kids", "지루함boring" 또는 "재미있음funny" 등의 간단한 서평을 도서 목록에 추가시키기 위해 혁신적인 방법을 고안해냈다. 열람자들이 서평을 쓰기 위해 인터넷으로 전자도서관에 접속하는 수고를 하는 경우가 드물다는 점을 감안하여, 각각의 의견을 반영하는 도서 반납함을 별도로 설치한 것이다. 즉, 반납할 때 "재미있다"라는 서평을 남기고 싶으면 간단히 "재미있다"가 표시된 반납함에 넣으면 되고, 개인적인 의견을 덧붙이고 싶다면 도서관에 비치된 태그에 의견을 적어서 선반에 올려놓으면 되는 것인데, 별도의 반납함은 전자 도서목록에 직접 연결되어 있어서 반납과 동시에 서평이 자동으로 등록되는 시스템이었다. Oost 도서관의 참여 프로그램은 쉬우면서도 그에 따른 이용자의 이득이 즉각적으로 반영되는 것이다. 저자는 이처럼 프로그램 도입을 위해 대단한 설비나 비용을 요구하지 않으면서 긍정적인 결과를 이끌어낼 수 있는 디자인이 좋은 프로그램 디자인이라고 말한다. Oost 도서관의 사례에 영향을 받아 미국 미네소타주에 위치한 역사박물관Historical Society's History Center은 입장권으로 지급되는 뱃지를 출구에 설치된 수거함에 넣도록 했는데, 관람자가 가장 선호하는 전시에 투표할 수 있도록 전시 별로 각각의 수거함을 마련하였다. 저자는 이러한 디자인을 통해 관람자가 자신의 의견을 박물관에 쉽게 전달할 수 있고 박물관 직원들은 "쓰레기 대신 관람자의 피드백"(7쪽)을 얻을 수 있다고 말한다.

그렇다면 관람자 참여의 양상은 어떠한가? 저자는 대다수의 문화재 관련 종사자들이 컨텐츠에만 집중하여 참여 프로그램을 디자인한다고 비판하고 있다. 저자는 2008년에 출간된 "Groundswell : Winning in an World Transformed by Social Technologies"라는 서적에서의 통계를 바탕으로, 관람자의 컨텐츠 제작은 참여 프로그램의 일부분일 뿐이라고 설명한다. 그 통계는 유튜브YouTube 등의 소셜 미디어의 참여 양상을 조사하였는데, 컨텐츠를 생산하고 동영상을 업로드하고 블로그에 글을 작성하는 창조자Creator들은 전체 이용자의 24%에 불과했다. 즉, 나머지 이용자들은 컨텐츠를 댓글로 비평하거나 수집, 혹은 단순히 계정만 유지하는 등의 최소한의 활동만 하고 있다는 것이다. 문화재 관련 기관에서의 참여도 마찬가지이다. 저자는 박물관 관계자들이 가장 접근성이 뛰어난 인터넷을 이용하여 참여 프로그램을 디자인하면 많은 관람자들이 컨텐츠를 제공할 것이라고 착각하고 있다고 말한다. 따라서 참여 프로그램에 참여하는 방법이 어려운지 간단한지와는 관계없이 컨텐츠 제작에는 관여하지 않는 관람자들이 존재하는 것이다. 그렇다면, 이러한 소극적인 관람자를 위한 참여 프로그램은 없을까 하는 의문점이 생긴다.

저자는 이 의문에 대해 참여에는 다양한 관람자들을 겨냥하는 여러 가지 방식이 존재한다고 답변한다. 저자는 이를 설명하기 위해 유튜브YouTube에서 컨텐츠를 업로드하는 제작자와 관람하는 관람자 사이에 존재하는 여러 단계의 참여의 예를 들고 있다. 얼핏 봐서는, 유튜브에서는 제작자와 관람자 두 종류의 부류만 있다고 생각될 수 있다. 그러나 좀 더 심층적으로 관찰하면 동영상 조회수가 실시간으로 적용되는 시스템은 컨텐츠를 관람하는 것 자체로도 이미 참여자로서의 활동을 가능하게 한다고 할 수 있다. 게다가, 동영상에 평점을 매기는 관람자들은 이미 "중급 참여자 intermediate participatory behavior"(10쪽) 로서 컨텐츠에 관한 의견을 다른 관람자와 공유하는 것이다. 이러한 시스템은 제작에만 치중할 때 질적으로 완성도가 낮은 컨텐츠가 난무하게 되는 부작용을 최소화하여 더 많은 이용자들이 자신들에게 가장 가치 있는 컨텐츠를 찾아서 다른 이들과 공유할 수 있게 한다.

필자는 이 부분에서 프랑스 역사학자인 피에르 노라 Pierre Nora가 "Between Memory and History(Between Memory and History : Les Lieux de Memoire. Representations, 1989, 26 : 7~24)" 라는 글에서 지적했던 논지를 떠올리게 된다. 그는 현대 사

회에서 너무 많은 기억memory 들이 걸러지지 않은 채 보관되고 있는 현상을 비판하고 있다. 즉, 모든 자료가 보관되고 문서로 제작된다는 것인데, 역사history가 단순한 기억memory과 구분되기 위해서는 박물관이나 도서관과 같이 역사에 책임이 있는 기관일수록 보관에 관한 집착과 단순한 문서 기록자로서의 입장에서 벗어나 "비판적이고 통제된 파기"(Nora:14쪽)가 필요하다고 역설한다. 이러한 관점에서 관람자의 컨텐츠 비평은 더욱 의미가 있다고 보인다. 이용자가 작성한 컨텐츠를 관람자가 스스로 비판하는 과정에서 무의미한 컨텐츠를 걸러내고, 잊혀질 수도 있는 단순한 기억의 파편을 역사로 끌어올리는 역사가로서의 활동을 한다고 할 수 있다. 또한, 박물관 입장에서도 관람자에 의한 컨텐츠 제작에만 치중하지 않고 무분별한 컨텐츠에 관한 비평에도 관람자의 적극적인 참여가 이루어지도록 한다면 문화와 역사를 주도하는 기관으로써의 역할에 충실할 수 있는 것이다.

박물관의 참여 프로그램 디자인 단계에서 관람자의 전시 선호도나 컨텐츠에 대한 비평 같은 "중급 참여자"로서의 활동이 컨텐츠 제작만큼 중요시되지 않고 있는 세태에 대해, 저자는 두 가지 문제점이 발생할 수 있음을 지적한다. 우선, 앞서 말한 통계에서도 알 수 있듯이 컨텐츠 제작에 관심 있는 관람자들은 매우 극소수이므로 나머지 대다수 관람자의 참여를 이끌어 내기는 어렵다. 그리고 제작 과정 전체를 참여자에게 일임하게 되어 부담감을 가중시킬 수 있다. 그렇다면, 이러한 문제점으로 인해 참여 프로그램에서는 컨텐츠 제작 자체를 지양해야만 하는가 하는 의문이 생긴다. 그러나 저자는 가장 성공적인 참여 방식은 "참여자들에게 완전히 개방하는 것wide open이 아니라는 점"(13쪽)을 강조하며 무無로부터의 컨텐츠 제작이 아닌 수월한 접근을 유도하는 참여가 그 해결책이 될 수 있다고 말한다. 즉, 빈 종이를 나누어주고 "어떻게 생각하십니까?"하고 다짜고짜 묻는 것보다 투표함이 설치된 게시판을 제공하여 중급의 참여로 이끄는 것이 더 잘 짜여진 참여 프로그램이란 것이다. 부담감을 느끼지 않고 수월하게 참여할 수 있도록 관람자를 보조한다면 더욱 많은 관람자가 다양한 방식으로 프로그램에 참여할 수 있을 것이다.

참여자의 컨텐츠 제작과 "중급 참여자" 모두를 충족시킨 참여 프로젝트의 일례로, 필자가 몸담았던 미국 시라큐스의 에리 운하 박물관Erie Canal Museum의 "생강과자 갤러리Gingerbread Gallery"를 소개하고자 한다. 이 특별전시는 매년 크리스마스 시즌에만 개최되는데, 서구 사회의 크리스마스 전통 과자인 생강과자Gingerbread와 각종 캔디를 이용하여 다양한 모형들이 제작, 전시되는 것이다. 이 프로젝트는 시라큐스 지역사회 구성원들이 전시 컨텐츠인 생강과자 모형들을 제작하고 전시물은 관람자들에 의해 평가되는 방식으로 디자인되었다. 전시 기간이 끝나면 투표에서 우승한 최우수 모형을 선정하여 박물관 홈페이지에 게시하고 우수작에 대해 주목할만한 의견을 함께 공개한다. 이 과정에서 단순히

생강과자 갤러리 내부 　ⓒ 2013, Erie Canal Museum

투표 결과를 무미건조하게 인터넷 상에서 발표하고 끝내는 것이 아니라, 투표함 공개 장면을 모든 관람자에게 개방하여 우승자를 시상하는 기념식을 주최하고 전시 기간 동안에는 어린이 대상으로 모형 만들기 과정을 개설하여 전시물을 감상할 뿐만 아니라 직접 만들어볼 수 있는 기회를 제공한다. 이는 컨텐츠를 제작하는 참여자부터 시상식과 같은 이벤트 참여에만 관심 있는 단순 관람자 및 투표에 참가하는 "중급 참여자"까지 모두 아우르는 프로젝트로써, 저자가 앞서 언급한 다양한 방식의 참여를 모두 이끌어 낸다고 할 수 있다. 지난 2012~2013년 크리스마스 시즌의 우수작은 생강과자 가족이 요리하는 모습을 담은 "What Gingerbread People Bake"라는 작품이 선정되었는데, 시상 이후 홈페이지에 한 투표자의 의견이 다음과 같이 공개되었다.

생강과자 아빠의 콧수염 좀 보세요! 이보다 더 나은 작품

은 없을 거에요!

Check out Papa Gingerbread's mustache! You can't

beat that!

27th Annual

Gingerbread Gallery
at the Erie Canal Museum
50 Years of Fun!

November 23, 2012 to January 6, 2013
Open Daily from 10AM to 5PM
Closed December 25 & January 1
Closed at 2:00 PM December 24 & 31

Opening Day
Light Up Syracuse
November 23, 2012 from 10AM to 9PM
Cookies, cocoa, and music available after the
tree lighting ceremony in Clinton Square!

Tickets
$2 Children
$4 Seniors
$5 Adults
Members get
a free family
pass!

Awards Ceremony
December 1 at 11AM
Every one is invited as we announce the winners
of this year's Gingerbread Gallery!

Children's Gingerbread House Workshops
December 1 at 1PM and 3PM
December 11 at 3PM
December 26-28 at 11AM, 1PM, and 3PM
$8/members, $10/non-members
Children design their own gingerbread house out of graham
crackers and assorted edible decorations!
Reservations required. Call Steve at 315.471.0593 x10 to register.

For more information, visit our website: www.eriecanalmuseum.org.
318 Erie Boulevard East, Syracuse, NY 13202 | 315.471.0593

The Erie Canal Museum is supported by:

생강과자 갤러리 홍보물 © 2012, Erie Canal Museum

이에 대해 박물관 측도 정말 그렇다며("The voter was right. You can't beat it!") 재치 있게 답변하고 있다. 이러한 박물관의 피드백은 중급 참여자들이 자신의 의견이 박물관 측에 어떻게 반영되었는지를 확인할 수 있게 해주어 박물관과 참여자 사이의 의사소통이 이루어진다는 것을 알 수 있다. 다양한 참여 방식과 박물관 측의 피드백 등으로 이루어진 이 프로젝트의 장점들이 이 특별전시를 50년 간이나 장수하게 만든 비결이 아닐까 생각한다.

저자는 다음으로 참여의 대상자에 관해 설명한다. 참여는 단순히 관람자만을 위한 것이 아니라 "박물관과 같은 기관, 프로젝트 참여자, 그리고 관람자 모두에게 중요한 의미를 지녀야 한다"(13쪽)고 말하고 있다. 즉, 참여 프로젝트를 디자인할 때 박물관 입장을 고려하여 직원들로부터는 얻을 수 없는 의미 있는 결과를 이끌어 낼 수 있는 지도 감안해야 한다는 것이다. 저자가 소개하는 뉴욕주의 터퍼 레이크 자연 센터The Wild Center in Tupper Lake에서 진행된 기후 회의 Climate Conference는 박물관에 이득이 되는 참여 프로젝트의 좋은 예시를 보여준다. 2008년에 시작된 회의에는 건설업자와 정치가, 과학자들이 한 자리에 모여 세계적인 기후 변화가 해당 지역 사회에 어떠한 영향을 끼치게 되는 지를 구체적으로 논의했다. 즉, 스키 리조트 등의 겨울 레포츠 산업이 활성화된 해당 지역의 산업에 미칠 수 있는 폐해에 대한 구체적인 토의는 지역 사회 주민들의 관심을 이끌었을 뿐만 아니라 전국적인 사안의 정책 회의로까지 발전했다.

결과적으로 터퍼 레이크 프로젝트는 센터가 지역 사회 구성원들의 참여를 넘어서 기후 관련 회의 분야에서 전국적으로 활약하도록 한 셈이다.

그렇다면 참여 프로그램이 이끌어 내는 결과물은 어떠해야 할까. 저자는 다음과 같이 다양한 결과가 생성될 수 있다고 말한다. "새로운 관람자를 끌어오고, 관람자가 기여한 컨텐츠를 수집하고 보존하며, 관람자에게 교육의 기회를 제공하고, 홍보에 도움이 되며, 지역사회 관련 전시를 개최함과 동시에 의사소통의 장으로 활용되는 것"(16쪽)이라는 것이다. 이때, 단순히 "관람자가 좋아할 것visitors will like it"(16쪽)이라는 명제에만 매달려 박물관의 이념을 고려하지 않은 프로젝트를 진행하는 것을 주의해야 한다고 강조한다. 참여 프로젝트를 그냥 "재미있는 활동fun activity"(16쪽)으로 한정한다면 프로젝트 자체를 하찮게 만드는 결과가 된다. 물론, 관람자가 즐거워하는 참여 프로젝트는 얼마든지 있지만 그 프로젝트를 통해 관람자가 특정 기술을 습득하면서 다른 이들과 사회적인 교류를 하는 등의 박물관 이념에 걸맞은 목표가 설정된다면 재미를 뛰어넘는 의미 있는 참여가 이루어질 수 있다는 것이다. 저자는 이에 대해 "박물관이 관람자 참여의 결과물에 대해 관심을 갖지 않는다면 관람자가 프로젝트에 참여할 이유가 어디에 있겠는가?"(17쪽)라고 역설하고 있다.

우선, 저자는 참여 프로그램의 결과물 중의 하나로 참여자의 만족에 대해 설명한다. 즉, 참여 프로그램이 성공적이려면 "박물관은 관람자의 관심을 이끌어내도록 유도해야 하고, 원활한 참여를 위한 도구를 제공해야 하며, 박물관 자원과 물자를 사용하거나 결과의 피드백과 관련하여 참여 자의 요구를 수용해야 한다"(17쪽)는 것이다. 단순히 전시실을 관람하는 행위는 관람자에게 사회적이고 활동적인 성취감을 제공하지 못한다. 저자는 Jane McGonigal의 의견을 빌려, 참여자가 박물관에서 행복한 성취감을 이루기 위해서는 "만족스러운 업무, 무언가에 좋은 영향을 미치는 경험, 좋아하는 사람들과 보내는 시간, 그리고 더 큰 무언가를 이루는 구성원이 되는 기회"(18쪽)가 제공되어야 한다고 말한다. 성공적인 박물관의 참여 프로젝트는 참여자에게 네 가지 모든 사항을 만족시킬 수 있는 기회를 제공한다.

다음으로 저자는 프로젝트를 진행할 때 "박물관 측에서의 투명성clarity과 정직성honesty이 중요시된다"(20쪽)고 언급한다. 이는 참여자가 컨텐츠 제작에 참여할 시의 개인정보 보호와 저작권 관련 문제에도 해당되는 사항이다. 참여 프로젝트에서 참여자의 역할을 확실하고 구체적이며 정직하게 명시한다면, 프로젝트가 진행되는 동안 참여자의 컨텐츠가 실제 전시에서 어떤 방향으로 이용될 지 명료하여 참여자는 불안감이나 불만족 없이 활동할 수 있게 된다는 것이다. 물론, 프로젝트를 진행하면서 변경 사항이나 실수가 발생할 수도 있다. 이 때, 저자는 박물관 측에서 확실한 투명성을 보장하지 못하는 불가피한 상황이라면 정직성으로 대체할 수 있다고 말한다. 박물관 직원들이 프로젝트의 진행

방향이 불투명한 것에 대해 참여자에게 솔직히 상황을 설명한다면, 참여자는 스스로를 "프로젝트의 진정한 파트너이자 동업자"(21쪽)로 인식할 수 있을 것이다.

그러나 참여 프로젝트의 결과물은 참여자에게만 중요한 것이 아니다. 저자는 참여 프로젝트가 온전히 박물관과 참여자만을 위한 것이 아니라 참여하지 않는 일반 관람자에게도 의미가 있다고 강조한다. 우리 사회의 박물관에서 대부분의 참여 프로젝트는 소수의 참여자 그룹에게 한정되어 있는 것이 현실이다. 따라서 참여자보다 관람자가 다수인 것을 감안할 때 일반 관람자가 만족할만한 결과물을 이끌어 내는 것 역시 그들의 당연한 권리를 충족시키는 것이다. 가장 이상적인 참여 프로젝트의 결과물로, 저자는 "통상적인 전시 등에서 얻을 수 없는 특별한 가치를 창출해내는 것"(22쪽)이라고 결론짓고 있다. 모든 관람자를 만족시킬 수 있는 프로젝트를 디자인한다는 것은 어려운 일이지만, 관람자가 최소한 어느 특정한 분야와 관점에서 독특한 경험을 쌓을 수 있도록 디자인해야 한다. 프로젝트에 관심을 기울일 관람자를 더욱 세밀하게 조사하여 디자인에 착수할수록 프로젝트의 결과물은 관람자의 요구에 성공적으로 부합할 수 있게 된다.

저자는 성공적인 참여 프로젝트를 위해서는 기존 상식과 반대될 수 있는 다음의 두 가지를 염두해 두어야 한다고 강조한다(22쪽). 우선, 참여자는 전적인 책임이 주어지는 개방된 프로젝트보다 어느 정도의 제약이 있는 것을 선호한다. 다음으로, 다른 낯선 참여자들과 즉각적으로 합류하는 것이 아니라 개별적이고 단계적인 시작점이 중요하다. 저자는 이러한 디자인 원칙들은 창의적이고 상호 교류적인 프로젝트 개발을 위한 뼈대가 된다고 말한다.

제약적인 프로젝트의 성공적인 일례로 2009년 덴버 미술관Denver Art Museum에서 실시된 Side Trip 전시실이 소개된다. 이 전시는 "Psychedelic Experience"라는 락 음악 rock music 포스터 전시와 병행되는 프로젝트로, 박물관 교육 담당자들은 수집과 비평, 제작을 모두 아우르는 방식을 고안해냈다. 즉, 관람자들에게 그냥 빈 종이를 주고 락 포스터를 만들라고 한 것이 아니라, 전시되고 있는 기존 포스터에서 발췌한 다양한 그래픽을 투명 용지로 제작하여 관람자들이 여러 가지 도안들을 따라 그리거나 병합하면서 자신들만의 독특한 포스터를 만들 수 있게 한 것이다. 박물관 측은 이렇게 제작된 포스터를 컬러 프린터로 인쇄하여 참여자에게 주고 전시실에 전시할 수 있는 기회도 제공하였다. 결과적으로, 9만 여명이 관람했던 전시에서 총 3만7천여 장의 포스터가 제작되었다는 사실은 앞서 언급된 것처럼 매우 소수의 참여자만 컨텐츠를 제작한다는 원리를 뛰어넘어 약간의 제약이 더 많은 참여를 이끌어낸다는 것을 증명하는 것이다. 저자는 올슨Orson Welles의 "예술의 진정한 적은 제한의 부재이다the enemy of art is the absence of limitations"라는 표현을 빌어, "의미 있는 제약은 관람자가 참여할 수 있는 동기를 더욱 부여할 수 있다"(23쪽)고 강조한다.

다음으로, 저자는 참여자의 프로젝트에 대한 개별적인 접근이 사회적으로 발전하는 양상에 대해 설명한다. 칵테일파티 등의 모임에서 주최자가 다른 방문객을 서로 소개시켜 줌으로써 자연스러운 교제가 이루어지는 것처럼, 박물관과 같은 기관이 각각의 개인을 연결시킨다면 공동적인 활동으로 발전할 수 있다는 것이다. 저자는 이러한 프로젝트 디자인을 "나로부터 우리me-to-we"(26쪽)라고 명명한다. 칵테일파티 주최자가 공통의 관심사를 꺼내어 각각의 방문객의 대화를 유도하듯이, 참여자 간의 개인적인 연결고리를 찾아 심층화된 관계를 이끌어 내어 보다 진화된 프로젝트를 진행할 수 있다. 저자는 "나로부터 우리"가 이루어지는 프로젝트를 위해서는 다음과 같은 다섯 단계를 통한 진화가 필요하다고 말한다.

> 1단계 – 콘텐츠의 개인적 소비 : 박물관은 관람자가 추구하는 컨텐츠를 제공
>
> 2단계 – 콘텐츠와의 개인적 상호작용: 박물관은 관람자가 질문이나 건의 등의 활동을 할 기회를 제공
>
> 3단계 – 개인의 상호작용이 집합체로 네트워크 형성 : 박물관은 관람자에게 자신들의 활동이 박물관 내에서 어떻게 적합하게 활용되는지 보여줌
>
> 4단계 – 개인의 상호작용이 사회적인 네트워크로 발전 : 박물관은 관람자가 직원이나 다른 관람자와 의견을 공유하게 함

5단계 – 개인들이 상호간 사회적으로 연계: 박물관은 관

람자가 서로의 관심사 등을 공유하는 사회적 장

으로 활용됨

(26쪽)

즉, 이와 같은 단계를 거치면 개인(나)의 활동은 집단(우리)의 활동으로 진화할 수 있다. 대부분의 박물관들은 1단계나 2단계의 활동에 머무르고 있는 것이 현실이나, 3단계의 진화된 활동을 원하는 관람자를 위한 프로그램을 진행한다면 박물관은 좀 더 "매력 있고 의미 있는 공간"(27쪽)으로 발전할 수 있을 것이다.

저자는 기피되기 쉬운 자발적인 활동을 전 세계적인 활동으로 발전시킨 기업체의 예시를 통해, "나로부터 우리" 디자인이 적용된 프로젝트가 박물관의 향후 역할에 어떻게 적용될 수 있는 지 설명하고 있다. 저자가 소개하는 프로그램은 운동화 제조업으로 유명한 나이키 사의 나이키 플러스Nike+라는 상품을 통한 타 이용자와의 의사소통을 말한다. 나이키 플러스는 아이팟과 운동화의 센서를 연결한 상품으로 신발과 음악이 그 기본이 된다. 저자가 언급한 1단계에 해당하는 활동으로, 소비자는 단순히 음악이라는 컨텐츠를 소비하여 운동한다. 2단계로 넘어가면 소비자의 운동량이 실시간 데이터로 축적되어 가상의 점수가 부여되는 등의 게임과 같은 피드백 시스템을 통해 컨텐츠와 상호작용을 하게 된다. 이용자가 온라인을 통해 다른 이용자의 데

이터를 접하고 자신의 것과 비교하기 시작하면서 스스로 공동체의 일원이라는 것을 인식할 때 3단계의 활동에 접어들게 된다. 더 나아가서 성별이나 연령, 운동 능력 등을 기반으로 온라인상에서 형성된 팀의 공통 목표를 향해 달리게 되어 팀에 기여하고자 하는 동기 부여를 받는 단계가 4단계가 된다. 나이키 플러스는 여기에서 끝내지 않고, 실제로 이용자들이 같이 달릴 수 있도록 경기 등을 주관하며 5단계로 진화하는 양상을 보여주었다. 각각의 이용자는 거주지 근처의 다른 이용자들과 함께 달리거나, 지구 반대편에 있는 온라인상의 팀원들과 실시간으로 접속하며 달릴 수 있게 되었다. 이 프로그램은 어찌보면 귀찮고 도전하기 두려운 "달리기"라는 활동을 즐겁고 사회적인 경험으로 변모시켰다. 저자는 "달리기"라는 종목이 이렇게 진화할 수 있다면 "문화재 관련 기관에서도 당연히 이러한 방식이 적용될 수 있다"(31쪽)고 강조하면서 끝맺고 있다.

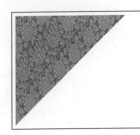

저자 니나 사이먼Nina Simon은 2장에서 관람자가 편안하게 느끼고 확신을 가지고 참여할 수 있는 동기를 가질 수 있도록 문화기관을 좀 더 개인적인 곳으로 만드는 방법에 대한 이야기를 하고 있다. 2장의 타이틀에서 말하는 '나'는 바로 관람자의 참여를 원하고 기획하는 기관 종사자를 의미함과 동시에 기관을 찾는 관람자들 각각의 개인을 의미한다. 이 각각의 개인인 '나'가 누구인지 규정하고 ―저자는 이 작업을 뒤에 설명하게 될 '프로필Profile'이라는 개념으로 이야기하고 있다― 이들 '나'에게 친근하게 접근하는 것으로부터 참여는 시작된다고 한다.

이 장 처음에서 저자는 자신의 비치발리볼 수업 경험을 첫 번째 예로 들고 있다. 어떻게 관람자의 참여를 이끌어낼 것인가에 대해 핵심적 내용을 담고 있기에 자세히 옮겨보겠다.

제2장
참여는 나로부터 시작한다
Participation Begins with Me

황규진

    2009년 여름 저자는 혼자서 비치발리볼 수업을 듣게 되는데 이때 만난 강사의 수업 운영방법에 깊은 감명을 받았다. 저자가 만난 강사 필 카플란Phil Kaplan은 낯설고 어색해하는 수업 참가자들을 편안하게 느끼도록 노력하며 한주만에 35명의 참가자들의 이름을 전부 외워서 불렀고 학생들을 수준별로 나누어 그 수준에 맞는 적절한 강의를 진행하고 이메일 목록을 만들어주며 서로 시간을 내어 함께 연습할 수 있도록 일정을 짜도록 격려 했으며, 나아가 수업참여자들은 끼리끼리 그룹으로 묶어 매주 함께 연습을 할 수 있도록 했고, 그 결과 거의 일 년이 지난 후에도 저자는 비치발리볼을 하고 있으며 여전히 그 사람들과 관계를 유지하고 있다고 한다.

    노련한 강사의 지도를 통해 각각의 독립적인 전혀 낯선

사람들이 만나서 스스로 구성된 이 그룹은 비치발리볼이라
는 새로운 활동을 통해 서로 사회적으로 친밀한 관계로 연
결되었다. 어떻게 이런 일이 일어난 것인지 저자는 이런 결
과를 가져오는 데에 있어 몇 가지 키포인트를 짚어낸다.

> 첫째, 수업은 수업참가자가 중심audience-centered에 있다.
> 둘째, 강사는 수업참가자들을 한 무리의 학생전체로 대
> 하지 않고 개개인으로 대하였다.
> 셋째, 강사는 서로가 연결될 수 있도록 방법을 제시하였다.
>
> (34쪽)

이 세 가지 포인트는 저자가 이 책에서 정말 무수한 구
체적 사례를 통해 설명하고 있는 참여박물관의 핵심내용이
다. 많은 관람자들이 문화기관의 프로그램이나 행사 등에
참여를 하고 싶지만 어떻게 시작해야할지 모르고 있는데
이럴 때 이들에게 필요한 것이 바로 친절하고 친근한 응대
라고 저자는 강조한다. 비치발리볼 강사가 그랬듯이 관람
자의 가장 절실한 필요가 무엇인지 살피고 그들이 할 일을
찾아 제시해주고, 정보를 알려주고 돕는 것이 필요하며 사
람들을 개별적으로 반기고 그들이 특별히 흥미를 느끼는
것에 반응해주어 문화기관에 참여하는 것을 편안하게 느끼
도록 환경을 만들어 주어야한다는 것이다.
그렇다면 문화기관이 어떻게 각 개인의 기호와 개별적
필요를 알고 그에 맞게 응대 할 수 있을까? 저자는

문화기관을 각 개인의 기호에 맞추는 일, 개인적인 곳으로 만드는 일의 시작은 관람자가 겪게 될 체험에 대해 관람자 중심 접근법을 취하는 것이다.

(34쪽)

라고 말하고 있다.

사이몬이 말하는 관람자중심접근법이란 즉 관람자가 무엇을 원하고 필요로 하는지 그 안에서 틀을 짜는 것으로 기관이나 프로젝트가 무엇을 할 수 있는지가 아니라 관람자가 흥미를 갖는 것이 무엇인지 잡아내는 것이다.

박물관이나 미술관 등에서 표를 사고, 전시안내 리플렛을 뽑아들고, 가이드 투어로 이어지는 전통적인 입장방식은 관람자중심으로 디자인된 것이 아니라고 저자는 주장한다. 관람자 손에 들린 전시안내 리플렛은 기관이 설명하고 알리고자하는 내용의 요약이지 관람자의 개별적 관심이나 필요에 맞춤된 것이 아니라는 것이다.

그 반대의 사례로 저자는 테마파크의 안내도를 예로 든다. 테마파크의 안내도는 그럴듯한 제목을 붙인 탈 것들의 이름 한편에 어떤 종류의 탈것인지 어떤 연령에 적합한지 등의 안내가 붙어있고, 테마파크에서 머물 시간이 3시간 정도 밖에 없는 사람, 청소년, 유아를 동반한 가족 관람자 등 방문객 유형에 따라 꼭 타야만하는 탈것들의 추천목록을 싣는다. 즉 테마파크의 안내도는 박물관 안내도와 달리 관람자들의 필요에 더 초점을 맞춰서 그들에게 가장 적합한 체험을 찾아낼 수 있도록 보다 적극적으로 돕고 있다는 것이다.

또 박물관 쪽에서의 관람자중심의 접근법의 좋은 사례로 영국의 노스 이스트 잉글랜드North East England지역의 82개 박물관들이 개설한 온라인 마케팅 사이트 '나는 박물관이 좋아요I like Museums'를 예로 드는데, '나는 박물관이 좋아요I like Museums' 온라인 사이트를 방문한 방문객들이 원하는 연관 검색어를 선택하면 그와 연결된 분야의 박물관 리스트가 뜨도록 되어있고 링크해 들어가 해당 박물관에 대한 정보를 얻은 후 어느 박물관을 갈지를 선택할 수 있다. 예를 들어 '나는 역사를 좋아해I like history'를 클릭하면 역사와 관계있는 박물관리스트가 정렬되어 나오고, '나는 아이를 즐겁게 해주는 걸 좋아해I like keeping the kids happy'를 클릭하면 아이들과 함께하기에 좋은 박물관들 목록이 나온다. 이 사이트는 등록된 기존의 항목에서 고르기만 할 수 도 있고 방문객이 새롭게 목록을 추가할 수 도 있게 되어있다.

저자에 따르면 이 사이트에 들어간 9개의 기관 2,071명의 방문객을 대상으로 한 조사에서 36%의 방문객이 실제로 박물관을 가기로 결정하는데 영향을 받았다고 한다. 이 사이트의 검색항목들이 실제방문으로 이어지는 것은 이 정보들이 박물관이 일방적으로 제공하는 것이 아니라 관람자의 필요에서 출발했기 때문이다. 영감을 줄 수 있는 박물관은? 쇼핑을 할 수 있는 박물관은? 이런 것들은 어느 박물관을 갈지 결정하는데 있어 전부 개인적인 접근법인 것이다.[1]

문화체험을 하는데 있어 관람자중심의 방법을 제공하는
것이 기관이 개인적이고 사적으로 다가가는 첫 단계라면 그
다음 단계는 관람자와 그들의 흥미에 반응하고 그들이 누구
인지알고 확인하며 더 개별적으로 접근하는 것이다.

(39쪽)

극히 특별한 장소를 제외하고는 대부분의 사람들이 모
두가 내 이름을 알고 있는 곳에서 익숙함과 편안함을 느끼
기 마련인데 이점에 있어서 박물관은 특히 무신경하다고
저자는 항변한다. 관람자가 아무리 회원일 지라도 박물관
에 방문한 개인은 그냥 익명의 한 방문객일 뿐이라는 것이
다. 여기서 저자는 온타리오 과학관의 한 직원의 사례를 들
며 다시 한 번 친절하고 친근한 응대의 중요성을 강조한다.
들어가는 입구에서 개인적으로 환영받는 느낌을 받는다면
관람자의 박물관 경험의 질이 달라지리라는 것은 어렵지
않게 예측할 수 있다.

온타리오 과학관의 안내데스크 담당자인 비슈누 람차란
Vishnu Ramcharan은 직원들을 교육시킬 때 한가지 원칙을 고수
한다. '안내직원들은 반드시 모든 방문객들이 진심으로 환영
받는다고 느끼도록 해야한다.'는 것이다. 이것은 진부한 얘기
처럼 들리겠지만 실제로 관람자를 맞는 람차란의 미소를 본

1_ 참고 사이트: I like museums http://www.ilikemuseums.com/Page/Index.aspx

다면 누구라도 자신이 아주 특별하게 열렬히 환영받고 있다
고 느끼게 될 것이다.

(39쪽)

저자는 관람자가 누구인지 알고 더 개별적으로 접근하
기 위해서 바로 관람자의 '프로필'의 중요성을 들고 있다.
프로필이란 말 그대로 개인의 인적사항에 대한 정보이다.
개인의 취향이나 기호 등에 기반 한 서비스는 그 만족도가
높을 수밖에 없는데 저자는 이 프로필을 활용한 사례로
APIapplication programming interface(운영체제와 응용프로그램 사이의
통신에 사용되는 언어나 메시지 형식)를 이용하여 도서리뷰와 도
서추천 및 공유서비스를 제공하는 사이트 'LibraryThing'을
든다. 이 사이트는 한국의 이용자들에게도 이미 많이 알려
진 사이트로 로그인해서 들어가 자신이 읽은 책을 등록하
고 관리할 수 있는데 다른 사람 몇 명이 내가 등록한 같은
책을 등록했으며, 주석이 몇 개 달려있는지 볼 수 있다. 또
책을 클릭해서 상세 정보를 보면 이 책과 관련이 있는 책들
의 목록이 줄줄이 나오며, 권장 도서와 유사한 태그 검색을
통해 도서목록을 찾아 볼 수 있다. 또 LibraryThing은 자동
으로 내가 읽은 책을 기반으로 나에게 도서추천목록을 제
공한다. 등록한 자료를 바탕으로 독서취향이 정보화되어
취향에 맞는 도서목록을 추천하는 서비스가 제공되는 것이
다. 이 서비스의 핵심 단초는 '독서취향'이라는 '개인의 프
로필'이다. 이렇게 시스템을 통해 작업한 정보 즉, 프로필

로 개인에게 응답하도록 서비스장치가 만들어진다면 더 많은 사용자들이 혜택을 받을 것이고 지속적인 서비스가 가능할 것이라는 저자의 예상이다.[2]

　　그렇다면 온라인이 아닌 현실 세계에서의 프로필이란 어떤 것일까? 저자의 정의에 따르면 개인의 정체성을 나타내는 작은 표시들이 프로필이 될 수 도 있다고 한다. 예를 들어 좋아하는 가수의 티셔츠를 입는다든지, 문신과 복장에서 락커의 분위기가 풍긴다던지, 개를 끌고 산책을 나왔다면 애견인이라는 프로필을 알 수 있는 것이다. 이러한 자기표현은 같은 취미를 가진 사람이 말을 걸어온다던지 하는 어떤 의미에서든지 사회적 상호작용을 가져오게 된다.

　　또 제대로 된 프로필을 만들어 의미 있는 결과물을 제공하기 위해서 개인적 자료를 직접 입력하게 하기도 한다. 뉴욕의 소니 미국 본사내에 있는 쇼룸 겸 체험전시장인 소니 원더 테크놀로지 랩에서는 입구의 키오스크[3]에서 RFID카드[4]를 받아 방문객의 이름과 정보(좋아하는 색, 좋아하는 노래 등)를 입력하고 목소리를 녹음하고 사진을 찍어 ID카드를 만든 후 입장하면 코너들을 돌며 체험할 수 있다. 미래지향적인

2_ 참고 사이트 : LibraryThing https://www.librarything.com/

3_ 키오스크-공공장소에 설치된 무인 정보 단말기로 일반적으로 터치스크린 방식을 취한다.

4_ RFID(Radio-Frequency Identification)란 IC칩과 무선을 통해 식품, 동물, 사물 등 다양한 개체의 정보를 관리할 수 있는 인식 기술로 '전자테그'라고도 불린다. 바코드와 유사한 개념으로 바코드가 빛으로 인식된다면 RFID 전파를 통해 인식된다.

소니 원더 테크놀로지 랩 Sony Wonder Technology Lab
ⓒ 2014. Lee, Cheolseung.

분위기속에서 다양한 소니 제품들을 테스트 해볼 수 있는
데, 카드를 대면 그 장치가 누구인지 인식하고 체험당사자
에 맞는 자료를 설정하고 체험자의 이름이 명시되고 처음
입력한 자료의 취향이 반영되며 체험자는 체험 기기에서 자
신의 모습과 음성을 듣게 되는 맞춤체험을 할 수 있다.

　그런 건 막강한 예산을 가진 기관만 할 수 있는 것 아
니냐는 절망감이 들 때, 저자는 이용자의 프로필을 위해 꼭
첨단매체가 사용될 필요는 없다고 역설한다. 볼티모어의
월터 미술관The Walters Art Museum의 특별전 〈영웅 : 고대 그
리스의 인간과 신들Heroes: Mortals and Myths in Ancient Greece〉
에서 관람자들은 전시장 입구에서 신화 속 8명의 영웅들

중 가장 좋아하는 캐릭터를 선택하고 이에 해당하는 카드를 받았다. 이 카드에는 해당영웅에 대한 자세한 정보가 쓰여 있고 전시되어있는 특정 유물과의 관련성이 설명되어있어 관람자가 전시를 보며 자신이 선택한 영웅에 대해 더 탐색해 볼 수 있도록 한다. 관람자는 자신의 선택에 의해 8개의 캐릭터로 구분된 각각의 취향에 맞춰진 전시 관람을 하게 되는 것이다. 비록 첨단매체가 아닌 아날로그적 방식이지만 관람자의 개인적 취향을 반영하여 전시에 좀 더 녹아들어 가게하기에 충분한 장치이다.

뉴욕 싸이언스 홀science Hall은 관람자에게 입장 시 서로 다른 색의 팔찌를 차게 해서 회원과 비회원, 후원자 등을 구분하여 응대할 수 있도록 한다. 저마다의 각 기관의 프로필 시스템은 다르지만 모두 다 관람자의 경험을 더 가치 있게 하는데 일조하고 있다. 저자는 성공적인 개인 프로필 작업은 다음 세 가지 목표를 달성한다고 한다.

1. 관람자이 입장할 때 어떤 식으로든 가치 있게 느끼도록 만든다. 직원이 관람자의 이름과 특별한 취향을 알고 맞이한다면 관람자는 그 기관을 더 편안하게 느끼게 될 것이다.

2. 사람들에게 자신의 기존의 이해를 깊게 하고 만족 할 수 있는 기회를 준다. 예를 들어 기차에 푹 빠져있는 사람이 왔을 때 올바른 프로필은 그 관람자가 기차에 대한 관심을 표출하게 하여 만족스런 경험을 하도록

도울 수 있다.

3. 사람들에게 익숙하지 않은 기회에 도전하고 진출할
   자신감을 준다. 정치사회학자 로버트 퍼트남Robert
   Putnam은 볼링과 같은 개인적 관심거리에 대한 경험
   을 나누는 것은 인종이나 건강, 사회적 계급에 관계없
   이 사람들이 친밀해지도록 돕는다 한다.   (43쪽)

그렇다면 이런 프로필시스템은 어떻게 설계하는 것이
좋을까? 프로필 작업은 이용자가 그들 자신에 대한 특이사
항을 직접 입력하는 방법이 있는가 하면, 또 일부는 이미
제시되어있는 몇 가지 보기에서 사용자가 고르도록 하는
방법도 있다. 형태는 다르지만 핵심은 이 프로필을 기관이
관람자를 응대하는데 활용할 수 있느냐 하는 것이다.

저자는 관람자 프로필을 '지향적 프로필aspirational profile'
과 '당신이 하는 일이 당신이다 프로필you are what you do
profile' 두 가지로 크게 나눈다. '지향적 프로필'이란 사람들이
자신의 자기 개념을 기반으로 자신을 표현하는 것으로, 이런
종류의 프로필은 패션 취향이라던지 자기소개서 등으로 만들
어지는 것으로 월터스미술관의 〈영웅Heroes〉 전시회의 자기
가 가장 마음에 드는 그리스 신화 속 영웅을 하나 선택하도록
한 캐릭터카드가 이런 '지향적 프로필'의 일종이다.

'당신이 하는 일이 당신이다 프로필'은 관람자의 실제적
인 행동패턴에 대한 정보를 말하는 것으로, 사이몬은 헬스클
럽의 예를 들어 설명하는데, 데스크 직원은 회원이 데스크를

찾아오면 고객번호로 확인을 하고 컴퓨터의 회원기록을 보고 회원의 이름은 물론, 얼마나 자주 방문하는지, 들었던 수업은 어떤 것인지 정보를 파악하고 이에 따라 회원을 응대하고 회원에게 필요한 맞춤 서비스를 제공한다. 즉 관람자가 한 일, 과거행동 데이터를 근거로 프로필을 삼는 것이다.

후자의 경우 한 카드사의 TV 광고로 이미 우리에게 많이 익숙한 프로필 시스템이다. 카드사용내역을 기반으로 카드고객의 소비패턴을 분석하여 커피숍이나 패밀리 레스토랑 등 외식을 즐기는 고객에게는 자주 가는 패밀리레스토랑의 할인권을, 어린자녀가 있어 어린자녀 위주의 소비패턴을 가진 고객에게는 놀이동산 무료이용권을, 뮤지컬, 영화, 콘서트 등 문화를 즐기는 고객에게는 공연할인권을 제공하는 등 맞춤 서비스를 제공함을 강조하며 자사카드의 가입과 사용을 권장하고 있는 것이다.

'당신이 하는 일이 당신이다 프로필'은 박물관 입장에서도 무한한 가능성을 가지고 있는 프로필이라고 저자는 강조한다. 취합되는 정보의 양이 그렇게 많지 않더라도 관람자들이 기프트 샵이나 푸드코트에서 어느 정도 돈을 쓰는지, 각각의 다른 전시물에서 소비하는 시간의 양이 어떤지 등 충분히 관람자를 더 잘 이해하고 응대하는데 도움이 될 수 있다는 것이다.

또 저자는 착용할 수 있는 프로필의 체험강화 도구로서의 가능성을 이야기한다. 놀이동산 등에서 입장권을 팔찌형식으로 지급하여 착용 하도록 하는 것은 익히 보아왔다. 이와 같이 관람자에게 일종의 ID를 착용하게 하여 ID가 주는 정보에 따라 직원이 고객에게 적합한 서비스를 제공하는 데 이용되는데, 박물관 환경 속에서는 체험을 심화할 수 있는 도구로 더 재미있게 활용될 수 있다. 선택한 프로필을 스티커에 인쇄해 붙이거나 배지로 달게 되면 그 개인의 정보를 타인이 알 수 있고 비슷한 관심사를 가진 관람자들끼리 그 정보를 공유하고 관심사를 나눌 수 있다. 서로를 식별하는 외부적 장치로 작용하게 되어 서로간의 사회적 소통을 가져오는 것이다. 예를 들어 누군가 사랑의 열매를 달고 있다면 우리는 그 사람이 아마도 사회기부에 관심이 있고 참여를 했구나 생각하게 될 것이고, 누군가 핑크리본을 달고 있다면 그 사람이 유방암 투병중이거나 후원자라고 생각할 것이다. 만일 친교의 자리에서 그들을 만났다면 자연스럽게 이에 대한 화제를 꺼내고 이야기하게 될 것이다.

요하네스버그에 있는 아파르트 헤이트[5] 박물관은 백인이냐 유색인종이냐에 따라 입장하는 문을 분리하여 입장하는 관람자로 하여금 인종차별이 행해지던 당시의 정책을 경험해보는 체험을 해볼 수 있도록 하였다. 지금은 재미로 선택을 하겠지만 인종차별 정책이 시행될 당시에는 실제로 모든 관공서의 출입문이 인종에 따라 분리되어 있었다. 사이몬은 이를 대립적 프로필confrontational profile이라 정의한다.

5_ 아파르트 헤이트 : 남아프리카공화국의 극단적 인종차별정책으로, 1994년 최초의 흑인정권이 탄생하며 철폐됨.

대립적 프로필의 또 다른 예는 2006년 스위스의 문화
재단 Stapferhaus Lenzberg가 열었던 전시 〈믿음의 문제
A Matter of Faith〉이다. 이 전시에서 관람자는 입구에서 자신
이 신자인지 아닌지 두 가지 입장 중 하나를 선택하고 자신
의 선택이 표시되어있는 USB스틱을 받아 부착하도록 요구
된다. 일부의 관람자들은 이것을 자랑스럽게 착용하고 또
일부의 관람자는 노출되지 않도록 웃옷으로 가린다. 전시
를 관람하고 난 관람자들은 마지막 방에 모여 선택의 카테
고리별로 마련된 테이블에 모여 이런 자신의 믿음에 대한
입장에 대해 굉장히 열띤 토론을 벌이게 된다고 한다.

해당 관람자의 특별한 정체성을 기반으로 관람자를 응
대할 때 개인화는 아주 강력한 힘을 가진다. 우리는 이미

몇 가지 사례에서 어떻게 프로필이 도전적 아이디어에 연결되어 컨텐츠에 더 깊게 접근할 수 있게 하여 관람자가 소중한 느낌을 갖도록 하는지 보았다. 개인화는 일회성 상호작용 뿐 아니라 관람자와 기관이 개인적인 관계를 심화할 수 있는 출발점이 될 수 있다.

그렇다면 어떻게 기관이 관람자의 다양하고 변화무쌍한 필요와 흥미에 제대로 응대할 수 있을까? 저자는 관람자에게 맞춤 컨텐츠를 제공하기 위해서는 두 가지가 필요하다고 강조한다. 하나는 주어진 전시나 작품에 대한 해석의 형태를 다르게 한 풍부한 컨텐츠 기반이 필요하고, 다른 하나는 관람자가 관심 있는 내용을 찾아갈 수 있도록 하는 장치이다.

저자에 따르면 해석을 확장할 수 있는 방법은 많다. 사람들은 흥미를 느끼면 추가적 설명을 원하기 마련이고 추가적 설명으로 어떤 것을 첨가할 지는 관람자 중심적으로 접근하는 것이 좋다. 미술관에서 어린이 관람자를 위한 추가 자료를 준비하거나, 역사박물관에서 3인칭시점의 서술에 활력을 넣기 위해 1인칭시점인 구술자료를 전시한다던가 하는 것인데, 나아가 다의적 해석Multi-vocal interpretation으로 인디애나폴리스 미술관에서 보안팀과 유물포장팀의 인터뷰 영상을 상영하는 것처럼 일반적으로 관람자에게 금기시 된 곳을 보여주기도 한다. 이것의 좋은 국내사례는 최근 개관한 국립나주박물관의 개방형 수장고 일 것이다. 일반적으로 수장고는 박물관의 장소 중 관람자에게 감추어진 낯선 곳인데 나주박물관을 방문한 관람자는 대형특수유리

창을 통해 수장고의 일부와 현장에서 작업을 하는 학예사와 보존처리연구사의 모습을 직접 볼 수 있다.

저자는 이런 추가적 전시해석 컨텐츠를 첨부하는 것보다 더 골치 아프고 어려운 부분은 관람자의 관람경험을 복잡하고 어렵게 하지 않으면서 정보를 제공하는 장치를 개발하는 것이라 한다. 저자가 추천엔진Recommendation Engines이라 부르는 이 장치는 개인프로필을 바탕으로 사용자에게 컨텐츠를 추천하는 시스템으로 사용자의 취향에 따라 도서목록을 추천하는 라이브러리띵LibraryThing과 같은 서비스를 가능하게 하는 핵심이다.

추천엔진들은 보통 '자기 정의적 프로필self-designated profile'과 '당신이 하는 일이 당신이다 프로필' 두 가지를 융합한 강력한 개인프로필에 의거해 구성되는데, 저자는 넷플릭스Netflix라는 미국 온라인 영화 대여 회사를 예로 든다. 넷플릭스는 다양한 장르와 스타일의 영화에 대한 사용자의 평가와 사용자가 실제로 보는 영화 데이터에 따라 사용자가 좋아할만한 영화를 추천한다.

그렇다면 이런 추천엔진을 어떻게 박물관 같은 기관에서 응용할 수 있을까? 저자는 박물관들이 방문한 관람자가 무엇을 할지, 어떤 순서로 할지, 얼마나 오래할지, 누구와 함께할지 등 많은 선택을 하는 동안 이런 관람자의 선택에 대해 아주 소극적으로 대처 하고 있다 지적한다. 관람자가 전시를 평가하고 맘에 들었던 작품들의 목록을 작성하거나 기관을 통해 자신이 돌아본 것을 등록 할 수 있도록 기관이 시스템에 투자 할 준비가 되지 않는다면, 추천엔진의 구축은 먼 이야기처럼 보인다. 그러나 저자는 아직 포기할 단계는 아니라며 우리를 격려한다.

특별히 저자 사이몬이 사례연구로 소개하는 '판도라'라는 온라인 음악 서비스는—어떻게 박물관 현장에서 실질적으로 적용할 수 있을지는 연구가 한참 더 필요하겠지만—앞으로 우리가 만나게 될 첨단의 추천엔진을 꿈꾸게 한다. 판도라는 이용자가 자신의 관심에 따라 라디오 방송국을 만들 수 있도록 하고 새로운 음악을 알아갈 수 있도록 하는 서비스다(현재는 국내에도 유사 음악 어플들이 보급되어 있다). 이용자가 시작의 단초가 되는 가수이름이나 노래를 입력하면 여러 가지 다양한 연관성으로 그 최초 씨앗이 되는 정보를 해석하여 다양한 음악을 플레이한다. 여기서 사용자 자신이 입력한 노래seed song는 '자기 정의적 프로필'이 되고 선택하는 좋아하는 음악과 마음에 들지 않아 재생 중 건너뛰어 버리는 행위 등은 '당신이 하는 일이 당신이다 프로필'이 되어 사용자의 프로필이 완성된다. 이 음악서비스가 특별한 것은 노래사이의 상관관계를 찾기 위해 각각의 노래에 대해 전문 음악가들이 개별적 특성을 가진 '유전자'를 구분하여 매우 구체적이고 복잡하게 음악들을 규정하고 비교할 수 있도록 한 것이다. 저자 사이몬은 이것을 뮤직 게놈 프로젝트the Music Genome Project라 부른다. 예를 들면 노래하나를 입력하고 플레이를 하면 이것을 기준으로 하여 시스템이 추천하는 여러 곡의 음악이 플레이 되는데 왜 이 노래들을 추천하는

지 'why'를 클릭하면 'Rock의 음향적 특징이 계측되고 레게풍의 영향을 받았으며 보컬의 하모니가 미묘하며, 반복적인 멜로디가 사용되었다.'라고 아주 구체적인 분석을 내놓는다. 실제로 저자는 판도라가 추천하는 곡들 중 대부분이 자신의 취향에 맞는 곡이었다고 증언한다.

이 시스템의 핵심은 아주 전문적인 노래의 분석 작업이다. 박물관이 각각의 다른 전시 오브제와 체험내용을 분석 망라하여 '유전자'리스트를 만들어 낼 수 있다면, 관람자가 단말기에 전시 또는 오브제의 이름을 입력하면 입력한 내용과 관련되어 좋아하리라 여겨지는 다른 오브제나 전시리스트가 제공되고 왜 추천하였는지 어떤 관련을 가지고 있는지 구체적이고 분석적인 정보를 제공하는 것이 가능하게 될 것이라는 것이다. 아직은 요원하지만 저자의 상상처럼 이런 것이 현실화 되려면 기술적인 부분 뿐 아니라 아주 구체적인 관람자 연구가 바탕이 되어야 할 것이다.

또 저자는 박물관 체험의 연장에 대해 이야기한다. 이상적으로 개인화된 문화체험은 관람자가 박물관을 떠나면서 끝나 버리는 게 아니다. 아주 만족스러운 경험을 하고 떠난 관람자와 지속적인 관계를 이어나가기 위해 박물관이 그 다음 할 일은 무엇일까? 대부분의 기관이 관람자를 일회성 소모품 취급을 한다. 박물관은 그들에게 전화하지도, 편지를 쓰지도, 그리워하지도 않는다. 관람자가 메일링리스트 또는 E-뉴스 레터에 가입하면, 예정된 이벤트의 공지를 받을 수 있지만, 개인적인 소통을 할 수는 없다. 직원들이 한

번 방문한 각각의 관람자와 개인적인 연락을 계속하는 것
은 비현실적인 것처럼 들리지만 계속해서 개별적인 연결을
할 기회가 아예 없는 것은 아니다. 저자가 언급하듯 90년대
중반부터 많은 관에서 관람 중 활동을 저장하여 나중에 웹
사이트 상에서 확인할 수 있는 시스템을 개발하여 제공하
였다. 그러나 실제로 나중에 웹에서 확인하는 경우는 10%
미만으로 낮은 참여율을 보인다. 이와 상반되게 기관 측에
서 적극적으로 대상을 선택하여 초대를 하는 경우 그 전체
참여율은 훨씬 높아진다.

저자에 따르면 현장에서의 체험을 집에서 웹을 통해 다
시 방문하도록 하는데 영향을 미치는 세 가지 요인이 있다.

1. 컨텐츠가 개인화되는 정도
2. 현장 활동에서의 투자비용
3. 가정에서의 콘텐츠 접근의 용이성   (68쪽)

저자는 사람들은 근본적으로 자기 자신에 대해 가장 큰
관심을 가지고 있기 때문에 박물관 쪽에서 구성한 내용보다
본인이 현장에서 겪었던 재미나 교육적 경험을 기념하게 하
는 개인적이고 사적인 내용에 더 방문하는 경향이 있다고
주장한다. 예를 들어 열대박물관Tropenmuseum은 '아프리카
헤어스타일을 하고 사진찍기take a photo of yourself with an
African hairstyle'라는 코너가 있다. 관람자가 전시장에서 아프
리카 헤어스타일을 하고 찍은 사진을 본인 이메일로 보낼

수 있도록 하고 있는데, 두 가지 이유로 여기에 참여했던 관람자는 집에서 메일을 열어볼 가능성이 크다. 첫째는 본인이 현장에서 적극적으로 이메일 주소를 제공했다는 것이고 둘째로는 별다른 절차 없이 간편하게 그냥 집에서 이메일을 열어보기만 하면 되기 때문이다. 전시장에서 이메일을 묻는 것은 관람자에게 체험활동에 적극적으로 참여할 지 어떨지 알아보는 일종의 시험관문이다.

집으로 가져가기 활동Take-home activities은 관람자에게 관람경험에 대한 일종의 기념품을 제공하지만 몇 번의 마우스 클릭으로는 관람자의 재방문이나 지속적인 상호작용에 대한 동기로서는 부족하다.

미국 홀로코스트 박물관은 끔찍한 유태인 학살에 대한 전시현장의 멀티미디어 이야기를 특정카드에 저장해가서 박물관 웹사이트에서 탐구할 수 있도록 하는데 그 참여도를 보면 사람들이 어렵고 매우 감정적인 주제에 더 몰입하고 관람 경험에 대한 탐구를 집에 가서도 지속한다는 것을 알 수 있다. 그러나 한편 집에 가서 전시 관련해 뭔가를 하도록 하는 이런 체험형태는 재관람을 창출한다기 보다 에필로그적 감상과 정리 활동에 가깝다. 저자는 한 번의 방문에 대한 사전 혹은 사후 활동을 디자인하는 것 보다 방문자체를 복합적으로 구성하여 처음부터 재방문하도록 디자인하는 아이디어를 권한다.

그 사례로든 것이 '39가지 단서The 39 Clues', 해리포터를 잇는 화제의 소설로 카힐가의 사라진 힘의 근원을 찾는 모험 추리소설로 상당한 국내 어린이 독자들을 확보하고 있는 책이다. 주인공들이 39개의 단서를 찾기 위해 전 세계를 돌아다니는 내용이다. 이 책의 인기비결은 시리즈 중간 중간에 암호가 있고, 각권의 내용과 연관이 있는 6장의 그림 카드로 암호를 풀 수 있는 힌트를 제공하고, 이 카드에는 일련의 코드번호가 적혀있어서 독자는 이 카드로 온라인 웹사이트에 자신의 아이디를 만들고 39개의 단서를 찾는 게임에 참여할 수 있게 하는 것이다. 이를 기획한 출판사는 주인공처럼 게임에 참여하여 주인공들보다 먼저 단서를 찾을 수 있을 듯이 독자들을 유혹한다. 독자는 게임과 책을 넘나들며 빠르게 선개되는 내용 속에 푹 빠지게 되며 다음권이 나오기를 학수고대하게 되는 것이다. 이런 온오프라인을 모두 사용하는 교차플랫폼(장르를 넘나들며 공통적으로 이용 가능한 운영 체제)은 꼭 상업적인 곳에서만 이용 될 필요는 없다고 저자는 역설한다. 얼마든지 박물관 전시에 있어서도 구슬을 실에 꿰듯 이야기를 엮어 각각의 전시가 연계되도록 하여 이번 전시를 관람한 관람자가 다음전시를 기대하여 또 관람하도록 하는 것이 가능하지 않겠냐고 한다. 전시회를 열어 관람자가 오도록 하는 것이 아니라 이야기를 엮어 관람자가 다시 방문하도록 하자는 것이다.

저자의 제안은 재미있는 아이디어이지만 현실에서의 구현은 그냥 듣기에도 쉬워 보이지는 않는다.

저자는 관람자에게 어떻게든 재관람을 위한 개인적 이유를 만들어 주어야하며 수집된 이메일로 새로운 전시소식을 전하는 것이— 그것이 비록 자동발송시스템에 의한 것일지라도— 아주 중요하다고 말한다. 수없이 많은 관람홍보 이메일을 보내도 그 메일을 보고 관람 오셨다는 관람자를 현장에서 별로 만난 적이 없는 필자는 수긍하기 힘들지만, 저자는 관람자들은 식상한 e뉴스레터의 경험에도 불구하고 박물관으로부터 무언가 추가적인 소식을 듣기를 은근히 바란다고 한다.

저자는 흔히 패스트푸드점이나 테이크아웃커피숍에서 활용하는, 구매를 할 때 마다 구멍을 뚫어 10개가 채워지면 하나를 무료로 주는 10+1식의 펀치카드를 예로 들며 저비용의 관계생성도구로서 2가지 장점을 피력한다.

1. 펀치카드는 고객이 다시 재방문 할 거라는 기대를 갖도록 한다.
2. 고객이 이전에 방문했었음을 직원이 간단하게 바로 확인할 수 있다. (75쪽)

어떻게 커피 숍 스타일의 펀치 카드를 문화 기관에 적용하여 재설계 할 수 있을까? 저자는 박물관을 10번씩 관람하는 관람자는 드물며 대부분의 사람들이 그 전에 펀치카드를 잃어버릴 것이라며 펀치카드방식을 그대로 적용하는 것은 무리라 스스로 자문자답한다. 그러나 다른 응용된 적용방식으로 학교행사로 단체관람을 온 학생들에게 가족들과 다시 오라고 무료티켓을 들려 보내는 방법 등을 생각해 볼 수 있다고 제안한다.

저자는 많은 기관들이 연간회원권을 구매한 회원들을 취급하는 방식에 문제를 제기한다. 연간회원권 구매자들은 마치 살이 빠질 거라 기대하고 비싼 다이어트 프로그램에 등록하는 사람들처럼 이 회원권을 구매하면 뭔가 풍족한 문화생활을 할 수 있을 것이란 기대감에서 투자를 하는 것인데 실제로 박물관들은 이들 정기권 구매 회원들을 방치해 둔다는 것이다. 정기권을 구매하는 등의 경제적 투자를 한다는 것은 더 깊이 문화 기관에 참여하고자하는 의사를 표현한 사람들이다. 따라서 이들을 위해 아주 기술적으로 개인기호에 맞추어 재방문을 끌어내는 장치가 반드시 있어야한다.

조금 무리한 사례의 적용일 수 있으나 저자는 한 카지노의 치밀한 상업적 전략을 소개한다. 카지노 안에서 통용되는 로열티카드를 사용하도록 하여 이 카드로 고객의 선호하는 게임이 무엇이고 얼마나 오래 동안 하는지, 쉬는 동안 이용하는 카페에서는 어떤 음식을 주문하는지, 주로 어떤 계절에 방문하는지, 고객의 모든 소비 및 활동 패턴을 파악하여 고객에게 맞춤 서비스를 제공한다. 그 고객이 매년 4월에 방문하는 패턴을 보인다면 3월쯤에 호텔 할인 메일을 발송하는 등이다. 더 나아가 게임이란 특성상 돈을 다 잃어가는 시점pain-point에 있는 고객을 파악하여 무료식사권이나 음료권 혹은 현찰을 지급한다. 그러면 고객은 카지노에서 겪은 돈을 잃었다는 불쾌한 기억을 상쇄하고 남아서 더 오래 게임을 하거나 다음에 다시 카지노를 찾는 것이다. 중앙

컨트롤타워에서 개개의 관람자가 어떤 관람 경험을 하고 교육적 목표에는 어느 정도 접근했는지 어떻게 전시를 관람하고 있는지 진행상황을 파악하고 이것에 일일이 응대할 수 있다면 환상적이겠지만 현실에서 이런 치밀한 시스템을 구축하는 것은 비용문제도 있고 요원해 보인다. 그러나 이 사례에서 패인 포인트pain-point(고통의 시점)라는 개념은 유념해 둘 필요가 있겠다. 저자는 적절한 사례를 제시한다.

예를 들어 어떤 박물관에 아이들이 10살이 넘어가면 부모가 더 이상 박물관에 데려오기를 멈추는 경향이 있다면, 아이들의 성장 연령에 따라 10~11살 아이들을 위한 프로그램이나 전시를 기획한다면 관람 오는 어린이들의 연령을 연장 할 수 있을 것이다. 10살이라는 시점이 이 박물관의 패인 포인트pain-point가 된다. 관람자의 패인 포인트를 알고 시기적절하게 대응하는 것이 요점이다. 앞서서 필자가 계속 이야기 했듯이 이것이 가능하려면 철저한 관람자 조사가 필요하다. 저자의 아이디어처럼 개개인의 정보를 그 개인별로 다 파악하고 이에 응대할 수 있다면 정말 좋겠지만 현실적으로 인력과 자본이 부족한 많은 박물관에서 시행하기 어려운 부분이 있다. 그렇다면 보편적이고 일반적인 관람자의 관람 행태에 대한 데이터가 있다면 이 데이터를 기준으로 박물관의 관람자응대를 보완하는 방법이 있을 수 있겠다.

기관이 관람자의 성장과 변화하는 요구사항을 충족시키려 노력 할 때, 관람자는 떠나지 않을 것이고 기관은 관람자와 함께 성장하게 될 것이다.

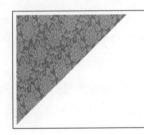

저자는 성공적인 사회적 경험은 관람자 중심접근, 개인 프로필을 통한 개별적 접근, 그리고 이들 개개인을 서로 연결시킬 장치, 이 세 가지 요소에 의해 결정된다고 앞서 이야기 했다. 저자는 앞장에서 관람자 중심적 접근과 개인 프로필에 의한 개별접근에 대해 이야기 했다면 3장에서는 참여플랫폼(참여적 운영체계)에 있어 개개인을 서로 연결시킬 장치에 대해 더 집중해서 살펴보고 어떻게 이 도구들이 사람과 사람사이의 대화를 독려하고 공동체사회에 관여하도록 만드는지 알아보았다. 이 장에서는 다른 사람과의 상호 작용을 통해 관람자의 경험을 향상시킬 수 있는 방법을 탐구한다.

저자는 성공적인 나로부터 우리me-to-we경험은 유용하고 흥미로운 수집할 만한 결과를 만들어내는 개인의 행동과

제3장

나로부터 우리로
From Me to We

황규진

선호도를 조화시키는 것이라 하며, 전문가들은 이를 '집단 지성 활용하기'라고 부른다.

저자가 제시하는 온타리오 과학관the Ontario Science Centre 의 전시 〈화성탐사직면Facing Mars traveling exhibition〉전展의 사례를 보면 관람자는 전시장 입구에서 화성여행을 갈 것인가에 대한 질문을 받고 '예'와 '아니오' 두 가지 회전 개찰구 중 하나를 선택하여 입장하고 전시를 다 관람한 후 퇴장할 때 다시 처음의 질문인 '화성에 갈 것 인가?'에 대한 대답을 선택하도록 했는데 재미있게도 입구에서의 선택은 2/3가 가겠다는 대답을 한데 반해 출구에서 다시 물었을 때 1/3만이 그래도 화성에 가겠다는 대답을 했다. 입구에서 처음 답을 결정할 때 얼마나 많은 사람들이 '예' 혹은 '아니오'를 선택했는지 들어가는 입구 전광판에 숫자를 게시하는데 이것이 사람들이 마음의 결정을 하는데 영향을 미친다고 한다. 많은 사람들이 화성에 가겠다고 대답을 하지만 화성이 어떤 곳인지 전시를 통해 알고 나서는 그들의 마음을 바꾸는 것이다. 많은 관람자의 마음이 전시 관람을 통해 바뀌었다는 것을 전광판을 통해 확인할 수 있으며 그 정보는 서로에게 공유된다. 전광판은 각각의 관람자가 개별적으로 선택한 결과를 한데모아 설득력 있는 개인적 경험으로서 하나의 사회적 맥락을 만들어낸 것이다.

화성탐사직면전의 회전 개찰구는 개인의 개별적 행동이 집단의 이익으로 어떻게 변환되는지 보여주는 네트워크 효과의 좋은 예이다. 저자는 네트워크 효과를 소셜 네트워크의 중추로 여기며 이 네트워크가 작동하는 방법을 3단계로 설명한다.

1. 각각의 개인은 개별적인 상호작용을 한다. 프로필 형태의 개인정보를 제공하거나 그들의 선택을 데이터화하여 콘텐츠를 만든다.
2. 내부적 일련의 규칙algorism으로 각각의 개인을 연결한다. 관심이나 타입별로 개인들 간의 관계를 설정하거나 단순히 그 수를 집계한다.
3. 네트워크 콘텐츠가 게시되거나 다시 개인에게 제공된다.

(88쪽)

저자가 제시하는 다른 전시 뉴욕 과학홀The New York Hall of Science의 'near' 역시 이런 네트워크의 좋은 사례이다. 사람들이 올라설 수 있는 바닥형 전시물인데 관람자가 올라서면 그 사람은 하나의 점이 된다. 여러 명의 사람이 올라서면 이 사람들은 각각의 점이 되는데 두 개의 점 사이가 가장 가까운 곳에 선이 그어진다. 사람들이 매트 위를 이동하면 이 선들은 위치변화에 따라 다시 가장 가까운 점 사이를 이어가며 변한다. 많은 사람들이 올라갈수록 선들은 복잡해진다. 이 전시는 자연스럽게 그룹 참여를 장려하게 되는데, 여럿이 올라가서 함께하면 더 재미있게 놀 수 있기에 단체관람자가 아니어도 개별적으로 관람 온 관람자들도 서로 어울려 참여하게 된다.

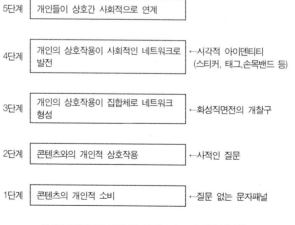

화성탐사직면전의 나로부터 우리(me-to-we) 디자인(91쪽)

저자는 이를 1장에서 소개한 '나로 부터 우리me-to-we'의 5단계에 대입해 설명한다. 4단계의 경험은 문화기관이 직접적으로 개인 간의 관련을 증진시키기를 원하거나 관람자들이 다른 관람자의 특별한 배경이나 프로필을 앎으로서 혜택이 있을 때 가장 유용하다. 저자는 관람자들이 역사적 사실을 아는데 있어 4단계는 꼭 필요하지 않을 수 도 있지만, 의견이나 충고를 듣는 상황일 때 사람들은 그것을 말하는 사람이 누구인지 알기를 원한다고 조언한다.

저자가 제시하는 3단계와 4단계 사이에 있는 전시의 예로는 암스테르담 안네프랑크 박물관의 '선택은 자유Free2Choose'전시이다. Free2choose는 자유와 관련된 문제에 대한 관람자가 자신의 의견에 투표하는 매우 간단한 대화형 쇼 이다. 약 30명 정도가 들어가는 긴 반원형 벤치가 쿠션과 함께 놓여 있는 방이 있고 벤치에는 일정간격으로 빨간색과 초록색 두 개의 버튼이 있는 투표박스가 놓여있고 앞에는 대형 스크린이 있다. 스크린에 질문이 나타나면 관람자들은 초록버튼 yes와 빨강버튼 no 중에서 선택하여 누르면 그 결과가 곧 스크린에 두 개의 원형도표형태로 나타난다. 하나는 지금 방안에 함께 있는 사람들visitors now의 투표결과이고 다른 하나는 이때가지 투표에 참가한 전체 참가자All visitors들의 투표결과이다. 예를 들어 스크린에 무슬림 여학생들의 머리스카프 착용 문제에 대한 1분정도의 짧은 영상을 보여준 뒤 "학생들은 학교에서 종교적인 상징을 착용하는 것이 허용되어야한다."라는 문장이 보여지고 카운트다운에 들어가는데 그 사이 yes와 no를 결정하여 버튼으로 투표를 하면 화면에 결과가 나타난다. 저자 사이몬이 있던 현장에서는 전체관람자의 60%가 yes를 선택한데 반해 당일 방안에 있던 관람자 중에서는 40%가 yes를 선택하였다고 한다. 전체관람자와 현재관람자의 결과의 차가 커서 놀랐으며, 저자는 결과를 보고 방안을 둘러보며 다른 관람자들 역시 놀란 반응을 확인할 수 있었다.

저자는 이 프로그램이 사회적 긴장을 주기 때문에 상당히 강력한 장치라고 말한다. 자신이 선택한 대답이 전체 비율 중 소수에 속할 때, 저자는 자신이 개념적으로 만이 아니라 진짜로 물리적으로도 군중 속에서 실시간으로 소수에 속한다고 느껴졌다고 한다. 그러나 다른 관람자들과 아주 가까운 거리에 있었고 서로가 누르는 버튼을 볼 수 있었음에도 저자는 왜 나와 다른 답을 선택했는지 묻거나 의견을 나누기에는 어색하고 불편함이 느껴졌으며 그런 어색함을 넘어서서 관람자들이 서로의 의견을 나눌 수 있도록 하기 위해서는 어떻게 설계하면 좋을지 그 대안을 제시한다. 서로 다른 색의 조명을 이용하여 누가 yes를 선택했는지 no를 선택했는지 비춰 구분하거나, ○×게임처럼 yes는 저쪽으로 no는 이쪽으로 방의 공간을 구분하여 움직여 투표함으로서 누가 어떤 투표를 했는지 더 적극적으로 공개하거나, 화면을 통해 자기와 다른 투표를 한 사람을 찾아서 토론을 하도록 지시할 수 있다. 저자는 암스테르담과 같은 국제적 도시에서 서로 다른 문화를 가진 사람들끼리 한 소녀에

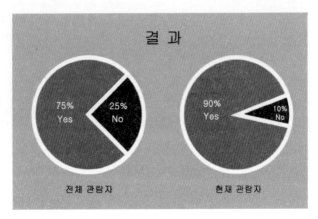

Free2choose

대한 아주 감동적인 이야기를 통해 한 단계 더 나아가 문화를 넘나드는 토론의 기회를 그렇게 놓쳐버리는 것이 안타까웠다고 한다. 나와 다른 의견을 가진 사람들이 왜 그렇게 생각했는지 알고 싶었지만 알 수 없었다고 한다.

사이몬은 Free2choose는 경험의 3단계의 아주 적절한 예로, 이 예를 통해 어색함과 쑥스러움이라는 사회적 장벽을 넘을 만한 장치가 없으면, 한 공간 안에서 중요한 문제에 대해 의견을 표현할 수 있다하더라도 옆에 사람들과 그 의견에 대한 이야기를 나누게 되지 않을 수 있음을 설명한다. 투표의 결과를 볼 수 는 있지만(3단계) 투표방식은 다른 사람들과 나눌 수 있는 사회적 전시물(4단계)은 아니다. 같은 한 방 안에서 어려운 사회적 이슈로 고민하면서도 이것을 통해 다른 사람들과 담론을 형성(5단계)하지는 못하는 것이다.

저자가 예로 든 또 다른 전시, 샌프란시스코 익스플로라토리움The Exploratorium의 회전칠판Spinning Blackboard이라는 전시물은 어린이들이 회전하는 원형 통 안에 들어있는 모래에 그림을 그리며 놀도록 한 것인데, 돌아가는 회전판 위에 모래를 얇게 뿌리고 어린이들이 손가락으로 직선을 그리려 하면 원하는 대로가 아닌 나선형의 모양을 그리게 된다는 걸 알게 하기 위한 전시다. 이 전시의 초기모델은 커다란 모래 통이 회전하여 여러 명의 관람자가 동시에 플레이하는 형태였는데, 다른 쪽에서 그림을 그리거나 글을 쓰고 있는 관람자에 의해 방해를 받게 되자 의도한 교육적 목표를 달성하기 위해 현재는 개인적으로 체험할 수 있는 1인용 형태로 재제작 되었다.

그러나 저자는 이런 방해와 간섭이 주는 효과에 오히려 주목한다. 그 유사 메카니즘의 사례로 'just letter'라는 온라인게임을 예로 든다. 이 게임은 여러 철자가 놓여있으면 이것을 가져다 단어를 만드는 것인데 로그인한 여러 게이머들이 자신이 원하는 단어를 만들기 위해 상대의 글자를 뺏어오기도 하고 서로의 방해 속에서 목표를 달성하는 것으로 서로간의 갈등이 게임의 재미를 주는 요소가 된다. 회전칠판Spinning Blackboard전시물의 경우도 설계자가 의도하지 않았지만 관람자가 이 전시를 통해 사회적 협력과 경쟁을 경험하게 되며 이것은 가치 있는 경험이라고 말한다. 저자는 이를 통해 어떤 형태로든 그것이 꼭 공조와 협력이 아니어도 서로 간에 개입하고 관여하고 얽히는 도구가 된다면 훌륭한 연결 장치라 보고 있다.

이런 사회적 경험을 위한 연결 장치는 어떻게 디자인해야 될까? 저자는 관람자들이 익명의 사람과의 활동에 오히려 적극적이 될 수 있다고 한다. 앞 사례의 회전칠판보다 온라인 게임 just letter에서 사람들이 서로를 더 적극적으로 방해하며 적극적으로 게임을 즐길 수 있는 이유는 서로가 누구인지 모르는 채 각자의 개인 컴퓨터로 게임에 참여하기 때문이라고 한다. 현실세계에서는 아무래도 서로 눈치를 보고 더 예의 바르게 굴려고 하기 때문이다. 그래서 어떤 장막을 하나 사람들 사이에 침으로 인해 서로를 분리시켜주면 사람들의 적극적 개입과 참여를 끌어내는 데 효과적일 수 있다고 한다.

저자가 보여주는 미국의 6개 과학관에 설치된 인터넷 팔씨름 기계가 그 좋은 사례인데 인터넷으로 연결 된 모니터 너머의 상대와 맞서 금속 팔을 잡고 힘을 쓰면 본인의 힘만큼이 작용해 상대와 팔 힘을 겨룰 수 있는 장치로 그 상대는 같은 과학관내의 다른 기계 앞에 앉아있는 상대일 수 도 있고 수 백 킬로미터 멀리 떨어져있는 다른 과학관의 기계 앞에 앉아있는 상대 일 수 도 있다. 인터넷팔씨름 참가자들은 웹 카메라를 통해 서로 대화할 수 있는데 게임하는 사람들이 서로 욕을 해대는 통에 카메라의 오디오 기능을 막아놓기도 했다. 게임에 참여하는 관람자들은 어른 아이 할 것 없이 승부에 몰두하며 상대에게 혀를 내밀며 약을 올리기도 하는데 인터넷이 아닌 현장에서 직접 낯선 상대와 팔씨름을 하면서는 하지 않았을 행동이기도 하다. 어른 이든 아이든 낯선 사람과 금속 팔씨름 기계를 통해 이 기계가 아니었으면 경험하지 않았을 이런 우스꽝스러운 경쟁적 사회활동에 빠져들게 되는 것이다.

여기서 더 나아가 저자가 제시하는 흥미로운 사례는 바로 인간도서관The Human Library이다. 인간도서관이란 낯선 사람과 편견에 대해서 공개적이고 직접적으로 서로 이야기해 볼 수 있는 이벤트이다. 주최자는 이것이 사람들에게 인간이 존엄한 존재라는 것을 서로 존중하고 보편성 속에서 서로 가까이 다가 갈 수 있는 평화적 공존을 촉진하는 도구라고 한다. 관람자가 직원에게 등록하면 목록을 살핀 다음 관심 있는 항목을 고르면 그 항목에 맞는 전형적이고 구체화한 실제 사람, 예를 들면 경찰, 레즈비언, 고쓰족,1 혹인 이슬람교도 등과 45분정도의 대화를 가진다. 이 도서관에서는 사람이 바로 책이고 책을 읽는 것이 아니라 대화를 통해 내용을 얻는다. 이 도서관에서 독자는 자신의 편견과 대면하고자하는 누구나가 될 수 있으며 사서는 이 독자와 책을 연결시켜주고 이들의 대화가 잘 진행 될 수 있도록 돕는 역할을 한다. 이 인간도서관을 통해 사람들은 동성애자와 직접 만나 이야기를 나눠보며 성적소수자에 대한 편견을 줄이거나, 자부심을 가지고 일하던 검표원이 검표를 당하는

1_ 1970년대 말 영국에서 나타났으며 반전 · 자유를 외치며 기성세대에 저항하며 사회도피적 성향을 띠는 집단으로 검은색 위주의 독특한 패션으로도 유명하다.

고객들의 입장을 직접 전해 들으며 그들의 기분이나 입장을 이해하는 등, 놀라운 소통의 경험을 보여준다. 2009년 덴마크에서 시작한 이 프로그램은 전 세계적으로 확산되고 있으며. 처음에는 축제 등에서 일회성 행사로 시작해서 점점 도서관이나 교육시설의 정기 프로그램으로 편성되었다. 책을 빌리는 도서관의 형식은 개개인이 낯선 자와 조우하는 사회적 경험으로 진입해 들어가도록 연결해주는 훌륭한 연결 장치인 것이다.

한편 저자는 인간도서관과 정반대의 결과를 가져온 사례를 보여준다. 2009년 영국의 작가 제레미 델러Jeremy Deller는 바그다드의 자살테러 공격을 받은 자동차를 전시하고 여기에 소파를 놓고 이라크 통역사와 미 육군 예비군을 게스트로 초청해 관람자들에게 실전을 겪은 사람들과 전쟁에 대한 이야기를 나눠볼 기회를 제공하는 대화 프로그램 〈이게 그거야It Is What It Is〉展을 열어, 미국의 몇 개 박물관에서 순회전을 했는데, 그럴듯한 연출과 분위기를 조성하였음에도 인간도서관과는 대조적으로 관람자와의 적극적 소통을 끌어내지 못했다. 저자는 이 전시에 여러 번 가봤지만 관람자들이 이 초대 손님들과 이야기 나누는 것을 한 번도 보지 못했다고 기술하며 그 이유는 이 프로그램이 신중히 기획되지 못했기 때문이라고 분석한다. 낯선 사람과 편안하게 이야기 할 수 있는 사회적 장벽이 세게 되지 않았다는 것이다. 인간도서관이 관람자가 토론하거나 물어보고 싶은 게 무엇인지에 초점을 맞추는 관람자 중심적이었다면 〈이게 그거야) 전展은 관람자에게 작가의 의도와 생각을 주입하고자 했던 것이 그 이유다. 전시장에 준비된 소파에 앉는다면 왠지 상품구입을 강요받듯 작가의 생각을 강요받을 것 같이 여겨지기 때문이라 지적한다.

우리는 여기서 머리가 아파오기 시작한다. 그러면 도대체 어떻게 해야 제대로 된 참여적 프로그램을 설계할 수 있단 말인가? 저자 사이몬은 소셜 플랫폼이 성공하려면 아주 정밀하게 디자인 되어야할 필요가 있다고 주장하지만 그렇다고 전체적으로 모든 관람자의 관람경험을 만들어진 구조에 억지로 끼어 맞출 필요는 없다고 한다. 프로젝트에 가장 적합한 최적의 소셜 플랫폼을 설계하는 것은 참여의 목표가 무엇이냐에 따라 달라진다고 한다. 관람자가 서로에게 배우고 서로 소통하기를 원하는지? 인간도서관의 사례처럼 대화하기를 원하는지? 그룹 콜라보레이션을 원하는지? 서로에게 반응하고 서로 협력하여 무언가를 함께 만들어내기를 원하는지? 저자는 관람자와 기관을 위한 유용한 네트워크를 구축하기 위해 심사숙고 한다면 분명 의미 있는 플랫폼을 디자인 할 수 있을 것이라 골머리를 싸고 있는 우리를 위로한다. 결국 참여적 전시나 프로그램을 만드는데 있어 정해진 방법이라는 것은 없으며 개개의 건마다 고민해가며 만들어 가야 하는 것이고 이는 저자가 이 책에서 수많은 사례를 일일이 들어가며 이야기를 전개하고 있는 이유이기도 하다.

저자는 기관이 프로젝트의 특별한 가치를 반영할 수 있

는 플랫폼을 설계하려면 이 세 가지 질문을 고려하라고 한다.

○ 관람자 개인이 어떤 활동에 참여 할 수 있는지?

○ 그 개인의 활동에 직원이 어떻게 개입할 것인지, 즉 기관이 어떻게 반응하고 협조하며 이용할 것인지?

○ 기관은 개인 활동의 결과의 모음을 어떻게 게시할 것인지?

(108쪽)

저자는 아주 창조적으로 설계된 플랫폼(운영체계)로 Signtific (sign과 scientific의 조어)을 예로 든다. Signtific은 '미래를 위한 연구소Institute for the Future'가 2009년 발표한 온라인 게임 플랫폼이다. 저자는 이 온라인 게임이 비록 박물관 프로젝트는 아니지만 공공적 브레인스토밍 도구로 문화기관에 적용할 수 있다고 추천한다. 게임 속에서 개발자는 "웹사이트에 접근하듯이 미래에 우주에의 접근이 쉬워진다면 어떻게 할 것인가?"라고 묻는다. "2019년 큐브셔틀(신발상자 크기의 작은 인공위성)이 아주 싸고 보편적이 되면, 100달러 정도에 저지구 궤도에 누구나 인공위성을 설치할 수 있다면 세상이 어떻게 달라질까?" 이용자들은 이에 답을 해야 한다. 게임 디자이너 제인 맥고니걸Jane McGonigal의 설명에 따르면 이것은 여러 사람들이 미래에 대한 생각을 공유하기 위한 것이라 한다. 이용자들은 서로의 대답을 살펴볼 수 있으며 인덱스 카드 형태의 대답들은 내용별로 모여서 다이아그램으로 표시된다. 또 이용자들은 타인의 의견카드에 수긍과 반대 등의 평가를 할 수 있다.

저자는 또 2008년 열린 브루클린 박물관의 〈클릭!Click!〉 전展이라는 온라인 사진 콘테스트 기획전에 주목한다. '변화하는 브루클린의 얼굴the changing face of Brooklyn'이라는 제목의 사진 콘테스트로 제출된 사진들을 관람자들이 예술적 가치와 주제와의 관련성 등을 평가하여 투표를 통해 최종 선정하는 방식이다. 이것은 대중이 전시될 작품을 선정하는 일종의 퍼블릭 큐레이션이라는 개념의 수용이며, 서로가 부당한 영향을 끼치지 않는다는 조건하에 대중의 지혜가 모여서 집단지성을 발현하면 똑똑한 개인의 솔루션을 능가한다는 '대중의 지혜'의 저자 사회과학자 제임스 서로스키James Surowiecki의 견해에 따른, 집단지성에 대한 신뢰에 의거한 실험이었다.

실제로 〈클릭!〉의 디자이너들은 참가자들이 서로간의 의견에 영향을 미치지 않도록 지금까지 어떤 사진이 얼마나 점수를 얻었는지 누적점수를 볼 수 없고, 왜 그 사진을 선택했는지 의견을 달 수 있게 했지만 결과가 발표되기 전까지는 공개되지 않도록 하고, 서로 자신의 의견을 상대에게 강요할 수 없도록 즐겨찾기 링크보내기를 막아두는 등의 세심한 장치를 마련하였다. 이 프로젝트의 결과는 시각 예술적 가치로서의 좋은 평가를 얻지 못했지만 그 진행과정과 화제성 그리고 참가자들의 우호적 반응들은 진정한 참여의 구현이었다. 사이트 방문객들이 최종 전시될 사진을 고르는 이 〈클릭!〉의 방식은 직원과 관람자, 전문가와 아마추어라는 문화기관에 있어서의 전통적 힘의 관계를 뒤흔드는 것이기에 논란거리가 되었다.

그러나 저자는 참여운영체계 즉, 콘텐츠로서 관람자들의 다양한 목소리를 우선순위에 두고 이용하기 위해 플랫폼을 개발하는 것은 모든 권한을 관람자에게 넘긴다는 의미는 아니라고 강조한다.

저자에 따르면 플랫폼 개발은 어디까지나 문화기관이 제어해야하며 그 제어하는 힘은 플랫폼의 운영과 관리에 있다. 플랫폼 관리사에게는 네 가지 큰 힘이 있는데 첫 번째 파워는 일대일 대화를 하도록 할지, 디지털 된 시스템을 이용할지 등 이용자(관람자)에게 적합한 상호작용의 유형을 정하는 것Define the types of interaction available to users이다. 그 두 번째 파워는 가이드라인이라고도 할 수 있는데, 게시글 작성의 경우 비속어나 연령대를 고려하여 19금 내용을 제한한다던지 하는 행위의 규칙을 정하는 것Set the rules of behavior이고, 세 번째 파워는 이용자(관람자)가 생산한 콘텐츠를 보존하고 활용하기Preserve and exploit user-generated content다. 대부분의 온라인 소셜 플랫폼의 표준약관대로, YouTube에 올려진 영상은 게시자가 소유권을 가졌지만 홍보 및 재배포의 권한은 YouTube가 가졌듯이, 콘텐츠는 기본적으로 생산자가 지적소유권을 가지지만 기관의 운영체계 안에서 생산된 콘텐츠를 활용할 수 있는 권한은 기관과 관리자가 가진다는 것이다. 네 번째 파워는 선호하는 콘텐츠를 홍보하고 활용하도록 하는 것Promote and feature preferred content으로, 이용자가 생산한 콘텐츠를 기관이 의도하는 적합한 방향으로 이끌고 활용할 수 있도록 개선하고 관리하는 것이다. 저자는 이용자의 콘텐츠를 홍보하고 정리하는 힘은 문화 기관의 가장 중요한 플랫폼 동력이며, 사려 깊게 디자인되어 개별 관람자의 경험을 네트워크 할 수 있게 되면 전체 관람자의 경험을 향상시킬 수 있으며 기관과 관람자가 가치 있는 관계를 맺을 수 있게 만들 수 있다고 강조한다.

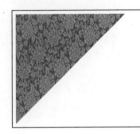

앞장에서 저자는 사람들 사이를 연결시키기 위한 플랫 폼 디자인에 초점을 맞추었다. 그렇다면 오브제는 어떠한 가? 관람자들이 콘텐츠를 만들고, 나누며, 서로에게 배우도 록 하기 위해 박물관이 노력할 때 박물관의 소장품들은 어 떤 역할을 하는가? 4장에서 저자는 참여박물관에 있어 오 브제의 특별한 역할에 대해 이야기한다. 소장품은 플랫폼 에 기반한 관람경험의 중심이자, 관람자의 대화와 표현의 대상이다.

모든 박물관의 소장 전시물들은 자연스럽게 관람자들을 사회적 경험을 하도록 이끈다. 관람자가 함께 관람 온 동행 과 이야기를 나누게 하는 전시물은 할머니를 기억하도록 만드는 오래된 낡은 풍로일 수도 있고, 기쁨에 들떠 논쟁하 고 싶은 놀라운 예술품일 수도 있다. 이런 전시물과 경험은 모두 다 소셜 오브제이다.

소셜 오브제는 사회학자 이리 잉게스트롬Jyri Engeström이 처음 제시한 개념으로 사람과 사람을 이어주는 상호작용을 유발하는 요소 즉, 공통관심사가 될 수 있는 의미 있는 개체를 말한다. 저자가 든 예에 따르면 데리고 산책 나온 사람을 지나가는 낯선 행인이 보고 자기도 개를 키우는데 강아지가 귀엽다고 말을 걸어오면 개주인은 개를 매개체로 이런 저런 얘기를 하게 되고 여기서 이 강아지가 바로 소셜 오브제가 되는 것이다.

잉게스트롬은 온라인 소셜 네트워킹 서비스가 성공적이기 위해서는 단지 소셜 네트워크만 제공해서는 안되고 소셜 오브제를 제공해야한다고 한다. 그 성공적인 사례로 플리커Flickr를 예로 든다. 플리커Flickr는 야후에서 운영하는 사진공유 사이트로 국내에서는 야후가 철수하면서 이용자가 많지 않지만 전 세계적으로 성공한 사이트 중 하나로 사진을 저장하기도하고 저장한 사진을 다른 홈페이지나 블로그에 퍼가거나, SNS공유도 가능하다. 저자는 사진이라는 소셜 오브제가 플리커의 성공요인이라고 보는데, 성공요인은 결국 소셜 오브제라는 매개체로 사람과 사람을 어떻게 연결시키는가에 달려있다는 것이다.

저자는 이 소셜 오브제를 크게 개인적 오브제Personal Objects, 활동적 오브제Active Objects, 자극적인 오브제Provocative Objects, 관계적인 오브제Relational Objects 4가지로 구분한다. 개인적 오브제는 말 그대로 개인사와 관련 있거나 지극히 개인적인 의미를 가지는 오브제이고, 활동적 오브제란 사이렌을 울리며 지나가는 구급차나, 갑자기 작동하기 시작하는 기계 장치라던가 움직이는 어떤 것에 주의가 환기되어 대화의 소재가 되는 개체를 의미한다. 자극적인 오브제는 논쟁적 소재이거나 이슈가 되는 개체이며, 관계적 오브제는 여러 사람이 협업하도록 요구되거나 같이해야 되는 형태의 오브제이다.

저자는 잉게스트롬의 의견을 인용해 오브제를 더 사회적으로 만들기 위해서는 관람자가 오브제에 무엇인가를 할 수 있도록 해야 한다고 주장한다. 가령 그 오브제를 쓸 수 있도록 하거나, 코멘트를 달 수 있도록 한다던지 정보를 추가할 수 있다던지 시스템상에서 관람자들이 오브제를 공유할 수 있도록 허락되어야한다고 한다.

그렇다면 소셜 오브제를 위한 플랫폼 설계는 어떻게 해야하는가? 일반적인 사진전시회에서 관람자는 벽에 걸린 사진을 감상하는 것으로 끝나기 마련이다. 아니면 동행과 사진에 대한 감상을 나누거나, 뮤지엄샵에 들러 사진전시에 관련된 도록이나 기념엽서를 구입하는 것으로 감상활동을 마칠 것이다. 그러나 플리커에서는 사진을 관람한 감상자는 사진에 자신의 의견을 댓글로 달 수 있다. 사진을 올린 사람에게 질문을 할 수 도 있고, 여러 가지 의견을 낼 수 도 있고, 개인적인 메시지를 보낼 수 도 있고 사진을 공유하여 다른 사람과 함께 볼 수 도 있다.

저자는 이런 상호작용이 어느 정도까지 확장될 수 있는지 한 사례를 들어 설명하는데 1943년에 존 바숑에 의해 촬영된 '펜실베니아 조선소를 떠나는 노동자들, 보몬트, 텍사스'라는 제목의 사진에 달린 다양한 덧글들을 보면 어떤 사람은 사진 속 조선소 근처에서 자란 자신의 유년기를 회상하기도 하고, 어떤 사람은 사진이 찍힌 것과 같은 달 일어났던 인종폭동에 대한 기록을 링크해 놓기도 했다. 사람들은 그냥 '좋아요'를 누르는데 그치지 않고 개인적 이야기를 공유하고, 정치 사회적 논평을 하기도 하는 것이다. 국회도서관과 같은 오프라인 자료실에서 열람하는 행위에서는 일어나지 않는 상호교감과 소통이 이루어졌으며, 컨텐츠를 더 매력적으로 만들었으며 교육적인 경험을 가질 수 있도록 만들었다. 따라서 박물관 관계자는 관람자가 전시물에 좀 더 사회적 관계를 맺기 바란다면 참여적이고 상호 소

통할 수 있는 전시가 될 수 있도록 전시에 사회적 기능을
더 할 수 있는 어떤 방법을 강구하고 설계해야할 것이다.

저자는 이런 사례로 포스트시크릿 프로젝트Postsecret
Project를 예로 들고 있다. 이 비밀엽서 프로젝트는 2004년
미국의 프랭크 워렌Frank Warren이라는 예술가가 시작한 공
공예술로 이 예술가는 '자신의 비밀을 털어 놓으라'는 부탁
과 함께 지하철역, 미술관, 도서관등의 공공장소에 주소만
적힌 빈 엽서를 3천장 배포하였다. 엽서 배포는 단 몇 주간
이었지만 2004년부터 2008년까지 15만 통이 넘는 사람들의
비밀이 담긴 엽서가 도착했으며, 프랭크 워랜은 이 이명의
비밀들을 스캔해 블로그에 올림으로서 사람들과 공유했다.
비밀들은 털이 유난히 많다는 민망한 신체의 비밀이기도 하
고, 수치스런 과거의 실수이기도 하며, 때로는 동성애자임
을 고백하는 무거운 내용이기도 하다. 엽서에 비밀을 털어
놓음으로 사람들은 고해성사의 카타르시스를 느낄 수 있으
며, 쓰는 사람에게는 치유가, 읽는 사람에게는 위로가 되었
다. 이 프로젝트는 온 세계인에게 굉장히 큰 울림을 가져와
서 한때 한국에서도 포스트시크릿 코리아사이트가 운영되
기도 했다. 워렌은 이 프로젝트로 많은 사람들의 자살 방지
에 기여했다는 공로로 미국정신건강협회로부터 특별상을
받았다.

저자는 이 비밀엽서가 간단한 질문의 형태로 누군가가
온 마음을 다해 진심으로 비밀을 들어줄 준비가 되도록 만드
는 놀라운 반응을 이끌어 낸 대표적인 소셜 오브제라고 한다.

그렇다면 준비한 전시에 어떻게 낯선 방문객에게 그와 같은 완벽한 사회적 참여를 이끌어낼 수 있을까? 사이몬은 관람자의 참여를 유도하는 구체적 지시나 설명이 이를 도울 수 있다고 한다.

샌프란시스코 MOMA는 관람자의 참여를 필요로 하는 전시에 오렌지색 라벨을 부착하였다. 오렌지색 라벨은 관람자가 무언가를 하거나 가져가거나 만져보도록 지시하는 내용을 담고 있는데 샌프란시스코 MOMA에서 오렌지색 라벨을 찾게 되면 체험을 해보는 것도 재미있겠다.

샌프란시스코 MOMA의 오렌지라벨 정책을 소개하면서 저자 사이몬은 자신이 체험한 아주 강력한 사회적 체험으로 작가 어윈 엄Erwin Wurm의 쌍방향 참여미술 '1분 조각상 One Minute Sculptures'에 대해 이야기한다.

갤러리의 나지막한 무대 위에 일상적이지 않은 물체(빗자루, 모형과일, 소형냉장고등)를 놓아두고 손글씨로 관람자에게 웃기고도 특별한 방법으로 주어진 물체들을 가지고 관람자 자신의 몸을 균형을 맞추도록 요구했다. 이 작품의 오렌지 라벨에는 이렇게 적혀있었다. "작가의 지시를 따르시오. 당신의 1분 조각상을 사진 찍은 다음 'SFMOMAparticipation'이란 태그를 붙여 샌프란시스코 MOMA 블러그로 보내주세요." 세 명의 사람들이 무대 위에 섰으며 이 엉뚱한 요구에 응하여 자기 나름대로의 포즈를 취했다. 저자 역시 나름의 포즈를 취했으며 처음 본 낯선 사람에게 사진을 찍어줄 것을 부탁했으며 나중에서 서로 이런 포즈 저런 포즈를 취하며 서로 포즈에 대한 조언을 하기도 하며 웃고 떠들게 되었다고 한다.

박물관에서 관람자가 서로 오브제를 공유하는 가장 일반적인 방법은 사진을 통해서이다. 사람들이 이메일이나 혹은 사회적 네트워크를 통해 서로의 사진을 나누는 것은 단순히 '나 여기 갔었어'라고 밝히는 방법이기도하고 박물관이나 특정 전시물에 대한 서로의 공감을 나누는 스스로를 표현하는 방법이다. 박물관 관계자들이 박물관 전시물을 공유할 수 있는 방법을 찾으면 이는 관람자들이 그들 자신을 주인이라고 여기며 박물관을 전체를 옹초할 수 있도록 할 것이다.

오스트레일리안 뮤지엄에서는 바닷가에 살았던 원주민의 삶과 이야기를 그들을 옹호하는 입장에서 전시를 선보이고 있다.　ⓒ오명숙, 2014.

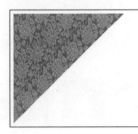

이 책의 두 번째 부분은 당신의 기관의 목표와 성격에 딱 맞는 최고의 방법으로 관람자 참여를 기획하고 구현하며 평가하고 운영할 수 있도록 도울 것이다. 저자는 앞 부분에서 다양한 타입의 참여에 대해 알아봤고, 여기서부터는 참여 프로젝트가 박물관의 목표를 이룰 수 있도록 어떻게 설계하고 디자인 할 것인지 실질적인 문제를 다루었다.

저자에 따르면 모든 참여 프로젝트는 다음 세 가지 원론적 가치에 기반 한다고 한다.

○ 외부 참여자의 기여하고 개입하고 싶은 욕망

○ 참여자의 능력에 대한 신뢰

○ 참여자들의 행동과 기여에 대한 응답

(183쪽)

제5장

각 기관에서의 참여 정의
Defining Participation at Your Institution

황규진

어떤 방법으로 참여를 끌어낼 것인가 여기에는 다양한 방법이 있을 수 있다. 저자 사이몬은 양심연합의 이민 사이트the Immigration Sites of Conscience coalition 회원인 14개 박물관의 사례를 예로 든다. 이 연합은 참여 프로그램을 통해 미국의 이민 문제에 대한 사회적 논의를 불러 오기 위해 2008년에 설립되었으며, 여기에 참여한 14개 박물관은 이를 위해 각 기관의 성격에 맞는 각기 다른 참여 프로그램을 기획하여 실행하였다.

디트로이트의 아랍계 미국인 박물관에서는 휴대전화를 통해 서로의 이민사연을 공유하고 서로의 이야기를 들어줌으로서 공동체와 연결되는데 도움이 되는 멀티미디어 전시를 기획했다. 시카고의 다섯 개 문화 박물관 협회는 캄보디아, 폴란드, 스웨덴, 일본 이민 그룹의 독특한 도전과 경험에 대한 지역 사회 간담회를 개최했다.

샌프란시스코에 있는 엔젤 아일랜드 주립 공원은 관람자가 과거 수감자들에 의해 구치소 벽에 새겨진 시를 관람함으로 이민정책에 대한 복잡한 이슈들에 대해 생각해 볼 수 있도록 토론 중심의 투어를 개시하였다. 로스앤젤레스에 있는 일본계 미국인 국립 박물관은 인종에 대한 고정관념과 차별에 대해 생각해 볼 수 있도록 청소년대상 토론 투어를 시행하였다. 이 박물관들은 이민에 대한 담론을 형성하고자하는 같은 목표를 저마다 기관이 가진 자원과 상황에 따라 서로 다른 빙법의 침여적 프로그램을 통해 실현하고자 하였다. 자신의 기관에 가장 적합한 프로그램이 무엇일지 선택하기 위해서는 참여에 대한 잠재적 구조를 이해하고 나서 당신기관의 임무와 목표에 가장 적합한 방법을 찾아야한다고 한다.

저자는 기여contributory이든, 협력collaborative이든, 협업창작co-creative이든, 참여주체(호스티드hosted)이든 그 어떤 형태의 참여든지 어떤 참여형태가 다른 참여형태보다 우위의 것은 없다고 한다.

이들은 서로 더 나은 참여의 형식으로 나아가는 진행의 한 단계로 볼 수 있으며, 관람자의 기여로 진행되는 전시 프로젝트와 소규모 그룹의 외부인에 의해 개발되는 협력전시와의 차이를 고려해보자. 첫 번째 전시 프로젝트의 결과가 처음부터 관람자의 창의적발상과 의견으로 만들어졌다면, 두 번째 전시 프로젝트의 결과는 좀 더 전형적인 전시에 가까울 것이다. 그렇다면 이 둘 중 어느 쪽이 더 참여적인가? 사이몬은 문화기관에 있어서 '최고'의 참여란 없다고 단언하며, 이런 참여프로젝트 유형간의 차이는 주인의식의 정도, 진행과정의 관리, 기관 직원과 관람자에게 주어지는 결과물과 아주 깊은 상관관계가 있다고 한다. 또 모든 프로젝트가 동일한 힘의 구조로부터 좋은 결과를 얻지는 못한다.

기관의 문화가 믿음과 책임감이 넘치면 직원은 지역 멤버로부터 참여를 끌어낼 것이고 기관이 억압적이고 불편한 분위기를 만들면 성공적인 참여를 끌어내기 어려울 것이다. 어떤 공헌 프로젝트는 관람자에게 너무 적은 기회를 제공해서 아무런 참여도 끌어내지 못하기도 하고 또 어떤 협력 프로젝트는 기관의 원하는 바와 가치를 넘어서버려 원하는 결과를 내지 못하기도 한다.

실현가능한 참여방법의 유형을 이해하는 것은 참여프로젝트를 설계하는 첫 번째 단계이다. 그 다음단계는 특별한 사명의 목적달성을 위해 가장 최선의 지원을 할 수 있는 모델을 찾는 것이다. 저자는 참여를 실현하는데 있어 가장 중요한 것은 자신이 소속한 기관의 목표와 사명을 추구하는 방향으로 참여를 구현할 수 있어야 한다고 설명하며, 경영책임자와 실무기획자 간의 신뢰와 공감이 필요하며 이를 통해 성공적인 참여의 실현이 가능하다고 말하고 있다.

예를 들면, 셜리 번스타인Shelley Bernstein이 그녀의 브루클린 박물관 수상작 소감 언론 인터뷰에서도 언급 했듯, 그녀는 늘 지역사회 박물관으로서 기관의 근본적 사명을 이야기 한다. 그녀의 팀의 기술적 노력들은 관장 아놀드 레만 Arnold Lehman의 "브루클린 박물관은 접근성, 다양성, 포용 그리고 예술을 탐구하는 새로운 길을 개척하기 위해 세워 졌으며 그래서 모든 이들이 그들이 하는 일이 무엇이든 상관없이 지적으로 대우받으며 환영받는다고 느끼는 장소가 되도록 할 것이다."라는 브루클린박물관 비젼에 의해 영감을 받았다. 번스타인의 팀 역시 이 비젼의 완성을 위해 프로젝트의 방향을 맞추었다.

앞 장에 사례로 등장했던 〈클릭!〉전展이 그 예다. 클릭은 사진작가와 관람사의 다양한 집단이 진통적인 방법과 온라인 인터페이스를 통해 창조하고 소통하며 소속감을 느끼도록 격려하였다. 아놀드 레만은 프로젝트와 관련한 모든 기술적 조치들에 일일이 간섭하지 않으면서도 기관의 비젼에서 벗어나지 않도록 하고 번스타인의 능력을 신뢰하여 관람자의 경험을 이끌어냈다. 상당히 부러운 부분이다. 지극히 당연한 이야기겠지만 전시나 프로젝트가 성공하려면 관장 및 팀원들과의 조화와 협력 그리고 상호 신뢰가 그 밑바탕이 되어야만 하는 것이다.

저자는 참여전시를 이상적으로 구현해내기위해서는 소속 기관의 사명을 주의 깊게 연구해야한다고 계속해서 강조한다. 이것은 상당히 중요한 이야기라고 여겨진다. 어느 기관이든지 목표와 추구하는 가치가 있다. 기관에서 계획되는 전시나 프로그램이 기관의 가치를 추구해야한다는 것은 지극히 당연한 이야기인듯 하지만 현실에서 많은 전시나 프로그램이 전체의 큰 흐름 속에서 기획된다기보다 단편적이고 일회적으로 진행되는 경우가 적지 않기 때문이다.

우리나라는 외국의 기관처럼 기관의 미션을 아젠다 Agenda로서 슬로건처럼 명확한 문장으로 만들어 표방하지 않는 경향이 있지만, 국립중앙박물관은 홈페이지 인사말에서 "… 우리 역사와 문화의 중요한 가치를 배우고 즐겁게 체험할 수 있는 공간 … 문화로 국격을 높이고, 다양한 국내외 문화를 접하여 세계화 시대의 다양한 문화를 이해하고 알아가는데 도움이 될 것…"이라고 밝히고 있으며, 국립현대미술관 역시 홈페이지 관장의 인사말에서 "… 미술문화 발전에 기여하며 국민 여러분께 한층 가까이 다가가면서 문화가 있는 행복한 삶을 드리고자 … 수집, 보존, 연구, 전시와 교육과 같은 본연의 활동을 더욱 활발히 펼치며 복합예술, 과학, 인문학을 비롯한 다양한 학문이 현대미술과 소통할 수 있는 문화의 산실로 거듭 날 것입니다."라고 말하고 있다.

이렇게 이 두 기관의 미션을 보니 중요한 가치를 즐겁게 체험할 수 있는 공간이 되고, 더 가까이 다가가고 행복한 삶을 주겠다고 한다. 이는 우리나라의 기관들도 과거의 권위적 태도를 버리고 관람자와 소통할 의사가 충분히 되어있다 하겠다. 여기에 참여적 전시와 프로그램을 수용하고 개발한다면 그 소통의 폭은 더욱 커질 것이다.

저자는 또 참여적 전시나 프로그램이 고유의 특별한 교육적 가치를 가지고 있다고 한다. 기관의 교육적 미션에 있어 참여 기술participatory techniques은 관람자가 창의성, 협업 및 혁신과 관련된 특정 기술을 개발하는 데 도움이 되는 특별한 기능을 하는데 이것은 종종 '21세기의 기술', '혁신적 기술', '뉴미디어 문해능력'이라고 불리며, 교육자와 정책입안자들이 글로벌 시대 거대하게 상호 연결되는 다문화세상 속에서 성공한 건설적 시민이 되기 위해 꼭 필요한 기술이라 말하고 있다.

이것은 아주 중요한 개념이며 접근이라고 생각된다. 텔레비전 등의 기존 미디어에서는 '정보 파악 능력'이 중요하지만, 디지털 기술의 발전이 가져온 트위터, 구글, 아이폰, 페이스북으로 대변되는 뉴미디어의 등장은 정보를 수집, 활용, 변형, 생산해 내는 이용자의 능력을 요구하고 있다(뉴미디어 채택 이론, 커뮤니케이션북스, 2012). 디지털 뉴미디어의 발전이 야기한 초超연결 사회 진입은 사회 구성원들을 네트워크로 연결된 보다 친밀한 공동체로 이끌 수도 있지만, 급격히 변화된 미디어 환경에 적응하지 못한 구성원들은 네트워크로 연결된 공동체에서 소외될 가능성이 있다. 이런 새로운 소통의 방식에 적응하고 훈련하는데 이 참여전시나 프로그램이 훌륭한 교육적 역할을 수행할 수 있다는 것이다.

저자는 나아가 관람자가 자신의 이야기나 오브제 혹은 미디어 생산물을 창조해 낸다는 점에서, 새로운 생산물과 의미를 생산하기 위해 기관의 컨텐츠를 활용하고 변용한다는 점에서, 서로 전혀 다른 배경을 가진 다른 관람자와 함께 공동체를 이룬다는 점에서, 일회성이든 더 길든 참여기간에 상관없이 관람자들이 자원봉사자로서의 책무를 수용한다는 점에서, 참여프로젝트가 관람자가 이런 뉴미디어 문해능력을 개발하는 것을 돕도록 최적화 되어있다고 주장한다.

또 참여자에게 직접적인 어느 정도의 작업적 일을 주는 것이 좋은 효과와 결과를 가져온다고 한다. 많은 참여 프로젝트가 관람자에게 콘텐츠에 기여하거나 기관의 연구 작업을 수행하도록 권한다. 저자에 따르면 이러한 프로젝트는 3종류의 가치를 제공하는데, 관람자가 연구나 창조적 기술을 배우는 학습가치Learning Value, 관람자가 그들의 능력을 기관에 제공하는 데 있어 어색함 없이 기관과 더 가까이 연결되었다는 기분을 주는 사회적 가치Social Value, 관람자가 하는 작업이 기관에 실질적 도움이 되는 작업가치Work Value가 그것이며, 참여적 경험을 디자인할 때 이 세 가지 가치를 모두 담는 것이 아주 중요하다고 역설한다.

박물관 직원들은 기관의 미션에 기반 할 때, 그리고 경영진들에 의해 지지를 받을 때, 더 창조적이고 자신감을 가지고 기관과 관람자 그리고 그들 자신의 이익을 위하는 방향으로 참여기술participatory techniques을 연구할 것이다.

저자는 다음의 4개 장에서는 이 장의 시작에서 소개했던 기여contributory, 협력collaborative, 협업창작co-creative, 참여주체hosted로 구분한 참여프로젝트의 4가지 유형을 어떻게 문화기관이 구성하고 시행하는지 상세정보를 제공한다.

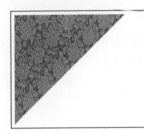

　6장은 관람자가 그들의 아이디어와 소장품 혹은 창작물을 문화기관과 함께 나누는 것으로 참여하는 기여 프로젝트에 관한 이야기다. 저자에 따르면 관람자가 문화 기관에 참여하는 가장 일반적인 방법은 기여contribution하는 것이라 한다. 관람자들은 직원들의 실험적 아이디어나 새로운 프로젝트를 테스트 하는 것을 돕는 것으로 기관에 기여하고, 공개 포럼을 통해 그들의 생각과 그들이 만든 것을 나누며 서로에게 기여한다. 기여 프로젝트는 창조적 중개인으로서 관람자들에게 그들 자신의 이야기를 쓰게 하고, 그들 자신의 작품을 만들며, 그들이 가진 생각을 나누게 할 수 있다.

　저자는 오로지 관람자의 전시물 기부만으로 단기 전시를 열었던 작은 임시 기관인 덴버 커뮤니티 박물관의 사례를 제시한다. 덴버 커뮤니티 박물관은 2008년 10월부터 2009년 4월까지 덴버 시내에 있는 비어있는 점포를 활용한 임시 팝업 박물관이었다. 설립자이자 관장인 제이미 코페 Jaime Kopke는 매달 특별한 주제와 관련 된 작품을 만들거나 전시할 물건을 가져오도록 하는 '커뮤니티 도전과제'를 제시하였고 이 도전의 결과는 박물관에 전시되었다.

예를 들면 5번째 도전과제는 '병을 채워요!Bottled up!'였다. 제이미는 사람들에게 생활 속에서 사람이나 장소에 대한 추억이 될 수 있는 물건을 병에 담아 가지고 오라고 했다. 담아지는 재료는 개인사를 나눌 수 있는 것이라면 메시지, 사물, 냄새, 소리, 사진 그 어떤 형태라도 상관없으며, 몇 개를 가져와도 되며, 병을 다른 관람자들이 열어봐도 될지 안 될지를 정하라고 했다. 그 결과, 추억의 물건과 이미지들로 채워진 향수병, 약병, 와인병, 수제 화병 등 29개의 관람자의 작품이 전시되었다.

덴버 커뮤니티 박물관은 예산도 직원도 없는 아주 작은 기관이었지만, 관람자와 관람자의 능력을 존중함으로서, 모든 사람들이 참여자나 잠재적 참여자로 느끼는 아주 특별한 관람경험을 제공할 수 있었다.

2007년 빅토리아 앨버트 박물관(이하 V&A)는 텍스타일 작가 수 로우티Sue Lawty와 제휴하여 해변에 돌로 만들어진 예술작품으로 세계지도를 그리는 월드비치 프로젝트를 기획했다. 세계 어느 곳에서나 누구든지 해변에 가서 돌을 이용하여 해변을 패턴으로 장식하는 예술 작품을 만들어 촬영하고 박물관 웹사이트에 사진을 올려 모두에게 공개하는 글로벌 아트 프로젝트이다. 세계 곳곳의 수 백 명의 참여자들로 만들어지는 이 프로젝트는 사이트상에서 한번 해보고 싶지 않으냐? 참여가 정말 간단하고 쉬우며 의미 있는 행위다라고 참여자를 끊임없이 격려하고 이런 존중과 격려가 성공의 요인이었다. 저자는 이런 프로젝트는 관람자의 창조적 능력을 존중하고 이를 위해 제공된 플랫폼과 관람자의 실천력이 결합하여 만들어진다고 강조한다.

저자는 기여 프로젝트를 구현하는 접근법을 프로젝트의 성공이 관람자의 동적인 참여에 의지하는 필수적 기여Necessary contribution, 관람자의 참여로 기관의 프로젝트가 힘을 받게 되는 보충적 기여Supplemental contribution, 기여의 행위가 관람자에게 미션과 관련된 기술과 경험을 제공하는 교육적 기여Educational contribution이렇게 셋으로 구분한다.

저자 사이먼은 덴버 커뮤니티 박물관과 월드비치 프로젝트World Beach Project가 바로 이 필수적 기여의 좋은 예로, 이런 프로젝트는 관람자의 적극적인 참여 없이는 존재할 수 없다고 강조한다. 이 프로젝트에서 기여의 목표는 유용하고 의미 있는 작업의 몸통을 만드는 것이다. 어떤 필수적 기여 프로젝트는 참여자가 데이터나 연구를 생성하기 때문에 직원들에게 도움이 되며, 또 다른 필수적 기여 프로젝트는 관람자가 탐구할 새로운 내용을 생산해낸다. 그들의 참여로 프로젝트가 성공을 거두게 되면, 참여자들은 종종 높은 수준의 주인의식과 자부심을 느낀다고 한다. 이 자부심이 개인적이고 개별적일 필요는 없다. 많은 기여 프로젝트는 공동체로서 주인의식을 함께 느끼는 방향으로 진행되게 된다는 것이다.

이런 공동참여를 통해 관람자가 뿌듯함을 느끼는 결과물로 저자는 익스플로라토리움의 '나노스케이프 세우기Building Nanoscape' 전시를 예로 든다. 2006년 여름, 샌프란시스코 익스플로라토리움을 찾은 2,400명의 관람자들은 초미립자인 원자와 분자를 표현하는 공과 막대기로 거대한 구조물 나노스케이프를 세웠다. 제공되는 공과 막대를 규칙적으로 조립하여 쌓아올리면 거대한 기둥이 되는 프로젝트로 이 작업을 통해 관람자가 원자와 분자에 대해 이해하도록 설계된 작업이었다. 저자에 따르면 관람자의 참여로 만들어지는 '나노스케이프 세우기'는 누구나 참여할 수 있기 때문에 그리고 관람자들이 거대프로젝트의 한부분에 기여한다고 느끼게 하기 때문에 대부분의 관람자가 기꺼이 참여한다고 한다. 최종결과물인 공과 막대기의 거대한 구조물을 한 사람의 관람자가 혼자서 세울 수는 없지만, 여러 명의 작업이 한데 모여 합쳐지자 관람자들은 스스로 대견스러운 강력하고 거대한 참여 전시의 결과물을 만들어 냈다.필자 주 : 초미립 조각상의 전시 결과물 이미지는 참고사이트[1]_에서 확인할 수 있다.

저자는 이런 필수적 기여 프로젝트는 그 성공을 관람자의 기여에 의존하기 때문에, 높은 실패확률과 높은 투자가치를 동시에 가진다고 하면서, 참가자들이 기획의도대로 움직여주지 않는 경우, 이 프로젝트는 매우 공개적으로 실패할 수 있고, 실제로 의기양양하게 진행된 웹 프로젝트에 썰렁한 덧글 몇 개가 달리는 실패한 사례들도 있다고 솔직히 말한다. 그러나 실패에 대한 두려움은 직원들로 하여금 프로젝트 디자인을 할 때 더 많은 생각과 노력을 하게하고 관람자의 작업이 기관의 필요와 만나게 할 것이라 기여 프로젝트에 대한 강한 신뢰를 피력한다.

코멘트 보드와 관람자가 예술적 창작 작업을 보태는 스테이션 만들기는 보충적 기여의 가장 일반적인 형태다. 보충적 기여 프로젝트는 정적인 프로젝트에 동적인 요소를 첨가하거나 관람자의 생각이나 반응을 위한 포럼을 개최하는 등 전형적으로 다양한 목소리를 수용하는 것이 그 목표이다.

1_ 참고사이트 : http://www.exploratorium.edu/nanoscape/what_are_we_building.php

저자는 관람자가 전시내용에 대한 대화를 하게 될 때 직원이 대화에 참여하고 반응하는 것이 중요하다고 강조한다. 보충적 프로젝트는 관람자들이 전시나 프로그램에 대해 무언가 다시 재고해야 된다거나 필요하다고 느낄 때 제공되는 것으로, 이런 관람자의 기여를 얻어내려면 관에 속한 직원들은 관람자의 의견을 존중하고 주의를 기울여야 한다고 한다. 최고의 보충적 기여 프로젝트는 관람자의 아주 특별한 자기표현에 의해 의미를 가지게 되는데, 필수적 기여 프로젝트와 달리, 기관은 기여의 일관성을 유지하기 위해 제한 조건을 두기도 한다. 그러나 저자는 관람자의 독창성이나 강력한 반응에 관의 태도가 허용적이 될 때 보충적 기여 프로젝트는 성공할 수 있다고 말한다.

마지막으로 교육적 기여 프로젝트는 기여 행위를 주로 의미 있는 학습경험으로서 인식하는 기관에 의해 만들어진다. 저자는 이 형태의 프로젝트가 참여적 학습기술과 뉴미디어 문해능력을 강조하는 박물관들이 더 많이 늘어나도록 할 것이라고 기대한다. 이 프로젝트들 대부분은 콘텐츠를 만들어내는 것 보다 교육방법을 만들어내는 것을 목표로 한다.

새로운 것을 배우고 시도하는 것을 좋아하는 관람자들은 특별히 교육적 기여 프로젝트에 빠지게 되어있다. 핸즈언hands-on 학습과 기술 습득을 강조하는 것을 고려할 때, 과학관과 어린이박물관들이 대부분 가장 적극적으로 교육적 기여를 제공하는 것은 놀라운 일이 아니다. 그러나 참여적 기법을 응용하는 것은 역사박물관이나 예술기관에서도 가능하다고 저자는 역설한다.

저자에 따르면 기여 프로젝트는 간단하고 구체적으로 방법이 제시되어야한다. 일반적으로 관람자에게 그들의 이 야기를 풀어 놓게 하거나 단순히 그림을 그리게 요구하는 것은 관람자에게 구체적으로 제시된 틀 안에서 아주 특별한 아이템을 기여하도록 할 때 보다 성공적이지 않다고 한다.

저자는 참여자의 관점에서 좋은 기여프로젝트란 관람 자가 자신을 표현하도록 구체적인 방법으로 기회를 제공 하고, 전문적인 사전 지식 없이도 쉽게 참여할 수 있도록 만들고, 관람자의 시간과 능력을 배려하며, 관람자의 기여 가 어떤 방법으로 전시되고 저장되며 사용되는지 확실하게 제시해주는 것이라 한다.

좋은 사례로 V&A의 월드비치 프로젝트를 보면, 박물관 은 참여자에게 아주 명확하게 기획의 의도를 설명하고 참 여자의 참여방법과 박물관 측의 요구사항을 제시한다. V&A 사이트의 프로젝트 설명내용은 다음과 같이 간단하게 단계별로 설명하고 있다. "이 프로젝트는 두 장소에서 2단 계에 걸쳐 진행되는데, 첫째로는 당신이 선택한 해변에서 돌로 당신만의 패턴을 만들며, 몇 장의 사진으로 작업과정 을 기록한다. 그 다음단계는 컴퓨터 앞에서 이 웹사이트에 사진을 올리면 프로젝트가 완성된다."

이 간단명료한 순서를 알리는 글 외에도, V&A 사이트 에는 사진을 올리기 위해서 사이즈 조정을 하는 방법, 돌로

패턴을 만드는 예시 등을 올려 전문가가 아닌 일반인들도 쉽게 따라할 수 있도록 가이드를 주고 있으며 참여자는 자료를 올릴 때 이름, 해변의 위치, 제작년도, 완성된 작품 사진, 작업방법 등에 대한 설명을 제출해야한다. 또 박물관 측은 제출된 자료를 박물관이 소유하지 않는다는 저작권관련 사항을 명확히 하고 있으며 불필요한 개인정보를 요구하지 않는다.

이것은 중요한 사항으로 저작권관련을 명확히 함으로서 참여자와 기관간의 신뢰를 쌓을 수 있고 저명한 작가의 경우도 망설임 없이 참여할 수 있는 길을 열어 주는 것이 되며, 기여 플랫폼을 설계 할 때, 기관은 참여자로 부터 더 많은 정보나 콘텐츠를 얻고 싶은 욕심이 생길 수 있지만 요구사항이 많아질 수록 참여자에게는 부담으로 작용하여 참여의 걸림돌이 될 수 있음을 저자는 지적한다.

저자는 참여의 역할을 분명하게 만들고 어필하는 가장 쉬운 방법은 시범모델을 이용하는 것이라 한다. 예를 들어 관람자가 보드에 누군가가 손으로 쓴 의견을 본다면 그 사람은 자신의 의견도 그렇게 적어도 된다는 것을 쉽게 알게 된다. 좋은 시범모델이란 그냥 방법을 설명하는 것으로 끝나지 않는다. 시범모델의 다양함과 질, 그리고 새로움은 플랫폼이 가득차거나 비어있는 결과로 바로 나타나며, 새로운 관람자의 참여에 의미 있는 영향을 준다고 한다.

내용과 형식 그리고 참여자의 수라는 개념에서 참여의 다양함의 최고점은 관람자가 참여에 초대받았다고 느끼게 되는 접근방식이다. 저자는 많은 박물관들이 키오스크를 통해 유명인이나 저명한 전문가의 비디오를 상영하여 내용을 전달하는 경우가 많은데 이것은 관람자들의 이목을 끄는 데는 성공적일 수 있으나 관람자로부터 오히려 나와 별개의 다른 사람들의 이야기처럼 받아들여질 수 도 있다고 한다. 만일 모든 연령대와 다양한 배경을 가진 사람들 모두와 의견을 나누고자 한다면 모든 범위의 사람들의 의견을 신중하게 반영하고 기여를 독려하는 방식이어야 한다고 강조한다. 또 새로운 기여가 시범모델에 첨부가 되는 의견 게시판과 같은 플랫폼은 게시판이 물리적으로 관람자에게 열려있는 공간이라고 느끼게 하는 것이 중요하다며, 아무도 모든 사람의 이목이 집중된 가운데 아무것도 없는 게시판에 혼자서 자기의견을 붙이고 싶어 하지 않으며, 또한 자신의 의견이 수많은 의견 속에 보이지 않게 묻히기를 바라지 않는다는 사실을 지적한다.

저자는 고품질의 시범 기여모델들은 기술이 미숙한 관람자에게 열등감을 느끼지 않게 하면서 영감과 에너지를 줄 수 있다고 한다. 비전문가들에게 제공된 재료를 어떻게 사용할 수 있는지 보여주는 시범모델을 만들 때, 모델을 만드는 사람이 전문가이더라도 관람자에게 주어지고 관람자가 사용하게 될 동일 재료를 사용해 모델을 만들어야 한다. 예를 들어 크레용을 이용해 그림을 그리도록 한다면 그리는 방법을 제안하는 시범모델작품도 크레용으로 제작되어야 한다는 것이다.

저자가 제시하는 2007년 메사츄세스의 로윌국립역사공원Lowell National Historical Park에서 열렸던 잭 케루악Jack Kerouac의 '길 위에서On The Road' 오리지널 원고 전시는 이 방법이 아주 적절하게 그리고 성공적으로 사용된 예이다. 잭 케루악의 자전적 소설 '길 위에서'는 120피트에 달하는 텔레타이프 용지 한 롤을 타자기에 끼워놓고 거의 고치는 것 없이 한 번에 아파트 식탁에 앉아 3주 동안 완성시킨 작품으로 유명하다. 전시를 기획한 측은 관람자가 의견을 남길 수 있는 게시판을 준비했는데 포스트잇이나 펜을 준비하는 대신, 책상 위에 소설가의 가족들이 기증한 잭 케루악이 실제 사용했던 타자기를 놓아두고 이 타자기로 관람자들이 원하는 글을 직접 타이프해서 게시판에 붙여놓도록 하였다. 관람자들은 열정적으로 참여했고 6개월 동안 무려 12,000개의 메시지가 작성되었다.

저자는 또 때때로 새롭고 익숙하지 않은 것에 사람들을 참여하도록 만드는 최선의 방법은 초심자 모델을 제시하는 것이라 한다. 직원들이나 전문가들이 그들도 아마추어인 척하면, 사람들은 본인의 능력에 편안한 안도감을 느끼고 참여하는 데 주저하지 않을 수 있도록 돕는다는 것이다.

저자는 박물관이 노골적으로 혹은 암묵적으로 관람자들의 기여가 전시될 것이라고 약속했을 때 관람자는 언제 그리고 어디서 그들의 작업이 보여 질지 즉각적인 피드백을 원하기 마련이라 한다. 첨단매체를 동원한 전시 디스플레이는 이런 관람자의 욕구에 적합한데, 자동 디스플레이는 관람자, 그들의 참여가 성공적임을 바로 확인할 수 있고 그들의 작업을 다른 사람들과 나눌 수 있도록 한다.

저자는 이 사례로 미국의 홀로코스트 추모 박물관 Holocaust Memorial Museum의 '추모로부터 행동으로From Memory to Action'전시를 예로 든다. 이 전시는 서약 스테이션과 전시 벽으로 구성되는 데, 관람자가 스테이션에 앉아 디지털 특수 종이에 펜으로 집단학살에 대항하기 위한 실천 약속을 적는다. 점선으로 나뉘는 종이 한쪽은 관람자가 가지고 가고 다른 한쪽은 아름답게 빛나는 투명 특수유리 상자에 넣도록 되어있다. 특수종이가 관람자가 글씨를 적을 때 펜이 지나가는 위치를 기억 해두는 원리로 관람자가 서약종이를 상자에 넣자마자 관람자가 직접 쓴 서약의 내용은 즉시 스크린에 비춰진다.

저자는 미적인 디자인과 기능성이 적절히 조화된 아름다운 전시기법이라고 칭찬을 아끼지 않는다. 왜 종이를 아낄 수 도 있는데 키보드에 입력하는 방법을 쓰지 않고 직접 쓰는 방법으로 디자인했을까? 여기에 대해 저자는 자필서약과 디지털 애니메이션의 조합은 관람자에게 아주 흥미롭고 매혹적인 전시경험을 선사한다고 역설한다. 상설전시의 홀로코스트의 수감자들의 신발더미를 연상시키는 서약용지들이 차곡차곡 쌓이는 물리적 조합의 시각적 이미지는 집단행동의 힘과 개인의 서약의 중요성을 반영한다는 것이다. 필자 역시 저자의 견해에 공감한다. 한때 전시디자인회사를 다니며 전시내용을 어떤 매체와 방법을 이용해 구현해 내야할지 고민했던 경험에 비춰보면 사람들은 뭔가 새롭고 혁신적인 첨단매체에 매혹되는 것이 분명하지만, 성공적인 전시매체는 단순히 디지털방식으로 이루어진 형태보다 적절히 아날로그와 디지털 방식을 혼용한 것이 더 좋은 반응을 불러 일으켰는데 이는 아날로그적 방법이 사람들의 감정과 감수성을 자극하기에 더 적합한 방식이기 때문이라 여겨진다.

이 장에서 이제까지 다양한 관람자 기여의 방법을 이야기한 저자는 이런 기여가 무작위 적으로 모두 전시 되어야 하는 것은 아니라한다. 관람자의 모든 참여를 전부다 전시하는 것과 선별적으로 전시하는 것은 큰 차이가 있으며, 감독과 관리는 기여프로젝트의 관람자에게 관람경험을 새겨 넣는 디자인 도구로서 관리와 통제의 힘을 기관이 잃어서는 안 됨을 다시 한 번 강조한다.

박물관은 반드시 분명한 이유와 기준을 가지고 기여를 관리해야하는데, 관리자가 부적절하거나 불쾌하다고 여겨질 때 내용이 삭제되기도 하며, 창조적으로 전시나 출판 등으로 기여의 내용이 사용될 때도 이런 관리가 이루어진다.

박물관이 관람자를 신뢰하면 대부분의 관람자는 정중한 태도를 보이지만, 전시를 고의적으로 망치거나 다른 사람을 방해하려는 의도의 '파괴자'들은 어디나 있을 수 있으므로 어떤 장치가 필요하기도 한다. 뉴멕시코 대학박물관의 미국의 이미지 전시에서 소개된 Ideum사社는 웹 사이트에 올라오는 글 중 욕설을 '사랑'과 같은 단어로 자동 대체하여 전체적으로 문장이 바보 같아 보이도록 하는 프로그램을 선보였다.

4장에서 예를 든 포스트시크릿PostSecret의 프랭크 워렌은 매주 천장이 넘는 엽서를 받지만 블로그에는 주당 20장의 엽서만 올려서 공유한다. 보내온 엽서의 내용은 자극적이거나, 외설적이거나, 비사회적인 내용이 있을 수 있지만, 워렌의 큐레이터적 관리에 의해 진실하고 창의적이며 다채로운 목소리를 내는 엽서들이 선별되어 사이트에 전시 공유되는 것이다.

저자는 문화 기관에 기여 플랫폼을 접목하기위해 깨뜨려야 할 인식 중 하나가 의견 게시판이나 관람자의 작품 전시가 참여자에게 그다지 매력적이지 않다는 생각이라고 한다. 저자는 가장 흔하고 평범한 방법의 관람자 기여가 오히려 아름다울 수 있다고 목소리를 높인다.

그 사례로 2008년 암스테르담의 리이크스 박물관Rijks museum에서 열린 데미안허스트Damien Hirst의 전시 〈신의 사랑을 위해For the Love of God〉을 예로 들었다. 이 전시에서는 매력적인 관람경험을 제공하는 관람자 피드백 시스템을 운영했다. 죽음의 상징을 사치의 상징인 1100캐럿의 다이아몬드로 덮은 백금 두개골 작품은 어두운 방안, 경비에 둘러싸여 아름다운 조명아래 전시 되었다. 바로 옆의 작은방에서 관람자는 피드백을 위한 비디오를 찍었다. 이 전시 웹사이트에서는 제공된 관람자들의 비디오를 쌍방향 온라인 프로그램으로 전환하였고 각각의 참여자들의 머리가 두개골 작품 주위로 둥둥 떠다니는 섬뜩한 이미지를 연출했다. 떠다니는 머리의 참여자들은 국적, 성별, 나이, 그리고 여러 가지 키워드(좋아한다. 싫어한다. 예술이다. 사치다 등)로 분류 될 수 있었다. 이런 방법으로 관람자의 비디오는 거대한 예술 작품 속으로 통합되었다.

그렇다면 기여전시에 대한 관람자의 반응을 어떨까? 일반적인 전시나 박물관 콘텐츠를 관람하는 것과 관람자가 기여한 컨텐츠를 관람하는 경험은 어떻게 다를까? 저자는 다양한 기여로 기여플랫폼에 사람들이 참여하도록 동기를 불어 넣을 수 있는 것처럼, 관람자들은 자신이 자신과 같은 사람들을 대표하는 것을 보면서 더 개인적으로 기관에 관여하고 있다고 느낀다고 한다. 저자는 다음 두 가지 사례를 예로 든다.

2006년 온타리오 아트 갤러리the Art Gallery of Ontario는 4×6inch 사이즈의 관람자가 제출한 자화상으로 꾸민 〈당신 얼굴 속에In Your Face〉라는 전시를 열었다. 1만장이 넘는 자화상이 제출되었으며 자화상들은 바닥부터 천장까지 압도적으로 걸려 아름다운 모자이크를 이루었다. 전시회는 중요한 군중과 언론의 관심을 끌고, 매우 인기가 있었으며, 관람자들은 새로운 방식으로 전시에서 자기 자신을 보았고, 특별한 집단적 경험을 하였으며 '사회의 영혼을 묘사한 전시'라고 까지 평하였다.

미네소타 역사관Minnesota History Center에서 열렸던 〈미

네소타 150〉전展은 미네소타의 역사에 대해 관람자들로부터 추천받은 2760가지 내용 중 150가지를 뽑아내어 디자인해 전시했다. 전시 라벨은 원래의 추천 양식에 기재된 기증자의 글뿐만 아니라 기증자의 사진이 포함되어 있다. 전시는 관람자가 직접 관여하지 않고 전통적인 방식대로 직원들에 의해 디자인 되었지만 〈In your Face〉와 비슷한 효과를 가져왔다. 이런 기여를 통한 전시에서 관람자들은 일반적이고 전형적인 전시에서보다 더 적극적이고 자신들의 의견이 전시에 담겨졌다고 여기고 있음을 알 수 있다.

지지는 관람자 기여 콘텐츠의 긍정적 결과들을 보고 실제로 작용하는 것을 확인하고 이에 대한 확신이 들면 더 많은 기관들이 전시와 프로젝트 진행 방식을 전환할 수 있을 것이라 한다.

우리 박물관 현실에 있어서도 전시 등 박물관의 프로젝트에 관람자들의 보다 적극적인 참여에 대한 열의와 욕구는 충분히 무르익었다고 보인다. 2013년 96일 동안 33만 명의 입장객(유료 : 255,527명, 무료 : 73,654명), 10억 2천 7백 여만원의 입장료 수입을 낸 대구시립미술관의 〈쿠사마 야요이〉전展이 그런 큰 성공을 거두었던 것은 다름 아닌 관람자의 참여를 이끌어 내었던 것에 있지 않나 싶다.

자신의 강박증을 예술로 승화시킨 야요이의 설치작품 'Infinity Mirrored Room(1994)'은 작품이 설치 된 공간 안에서 화려하게 색이 바뀌면서 들여다보는 관람자 자신의 모습을 감상할 수 있으며 무한한 자기애愛를 느낄 수 있는 경험을

쿠사마 야요이 展 〈Obliteration Room; 소멸의 방〉

가지게 한다. 들어가보거나 들여다보거나 체험을 요구하는
작품들은 관람자의 참여욕구를 충족시켜주었다.

　'Obliteration Room; 소멸의 방'은 직접스티커를 붙여
관람자의 참여를 통해 이루어지는 작품으로, 색색의 둥근
스티커로 방을 꾸밀 수 있는데 성인은 2명에 한 장씩 어린
아이들은 1명에 한 장씩 스티커를 받아 순백의 공간을 직접

메꿔 나갈 수 있도록 하였다. 작가의 인지도 및 유명세의 영향은 물론이고, 대중을 고려한 기획과 관람자의 참여를 이끌어 냈다는 점이 이 전시의 큰 성공요인이었던 것으로 보여진다. 이 전시는 후에 인기에 힘입어 국내 여러 미술관에서 순화전으로도 진행되었다. 물론 이 전시의 참여적 성격은 작가의 작품자체가 가지고 있는 것으로 전시적 기법으로 추가로 고안된 것이 아니라는 점에서 다른 면모를 가지지만, 앞으로 이런 폭발적인 힘을 가지는 참여적 전시를 구상함에 있어 충분히 참고해볼 수 있는 좋은 선례라고 여겨진다.

필자기 근무했던 미술관에서도 이미 우리시대 관람자들이 참여적 전시체험에 익숙하다고 확신하게 된 유사한 경험이 있다. 엘로디 도르닝Elodie Dornand'oh이라는 프랑스 작가의 전시를 진행할 때, 작가는 우주에서 천문대로 추락한 별이 그 빛을 잃고 소멸하는 것을 표현한 설치작품을 통해 관람자가 물리적으로 불완전하면서도 기묘한 우주를 경험할 수 있도록 하였는데, 그런 경험을 배가시키기 위해 신비하고 우주적인 배경음악을 깔았다. 이 배경음악은 아이패드를 통해 플레이 되도록 장치해 놓았는데 충전을 위해 담당자가 아이패드를 잠깐 옮겨놓은 동안 갑자기 전시장 홀 전체에 경쾌한 음악이 흘러나와 직원들이 깜짝 놀라 달려 나가는 해프닝이 벌어졌다. 장치 밖으로 나와 있는 스피커 잭을 한 관람자가 자신의 핸드폰에 연결시킨 것이었다. 관람자는 장치 밖으로 나와 있는 연결되어 있지 않은 스피커 잭을 보자마자 즉각 관람자의 참여를 원하는 어떤 체험

적 장치라고 여기고 자신의 플레이 장치를 연결해 보았다
는 것이다.

　이전 장이 관람자와 박물관과의 격식을 차리지 않는 소통에 대해 다루었다면 저자는 본 장에서 좀 더 공식적이고 헌신적인 관계에 대해 집중적으로 설명하고 있다. 이를 관람자와의 "협력 프로젝트collaborative projects"(231쪽)라고 지칭하고 있는데, 이 협력은 박물관의 주관 하에 직원들이 참여자와 협력하여 새로운 프로그램이나 전시 등을 기획하는 것이다. 저자에 따르면 참여자들은 관심사, 연령대 등의 그룹을 대표하는 샘플 그룹이거나 특정 지식이나 기술에 기반하여 선택될 수 있는데, 박물관에서 진행하는 프로젝트의 조언자로 활동하거나 좀 더 깊이 관여하여 직원들과 함께 프로젝트를 수행할 수도 있다.

　저자는 다음의 네 가지 이유로 박물관이 협력 프로젝트를 진행한다고 설명한다.

제7장
관람자와의 협력
Collaborating with visitors

이주현

1. 새로운 전시나 출판물 등의 정확성 및 진위성을 확인 하기 위해 해당 지역 전문가와의 교류가 필요할 때
2. 새로운 프로그램의 성공을 위해 대상 관람자의 협력 을 통한 사전 테스트가 필요할 때
3. 참여자로 하여금 전시를 스스로 연구하고 디자인하도 록 하여 교육적인 기회를 제공하고자 할 때
4. 관람자들이 박물관의 프로그램에 대한 주인 의식을 함양하게 하고자 할 때

(231쪽)

협력 프로젝트가 효과적으로 진행되려면 "상호 신뢰를 바탕으로 참여자들의 역할 및 기대 효과, 적절한 보상 등에 대한 심층적인 조사가 필요"(232쪽)하다. 특히, 적절한 보상

은 참여 프로젝트의 질을 향상시키는 데 중요한 역할을 하는데, "금전적인 보상이나 학점 이수"(232쪽) 등이 가장 대표적인 보상이라고 말하고 있다. 이러한 보상을 통해 프로젝트의 참여자와 직원들 간에 좀 더 전문적이고 책임감 있는 관계가 형성될 수 있다. 그러나 참여 프로젝트의 심층적인 목표는 "개별적인 프로젝트 성공이나 보상을 뛰어넘어 박물관과 관람자의 관계 자체에 깊은 영향을 미치는 것"(232쪽)이라고 저자는 밝히고 있다.

저자는 협력 프로젝트의 일례로 미국의 박물관에서의 십대 관람자들의 참여에 관한 사례를 다루고 있다. 워싱턴에 위치한 국립건물박물관에서 주최하는 '우리 거주지 조사 Investigating Where We Live'는 매년 개최되는 4주 프로그램으로써 현지에 거주하는 30여 명의 십대청소년들이 워싱턴 근교에 관한 특별전시에 사용되는 사진 촬영 및 설명문 작성에 직접 참여하는 것이다. 단, 이 특별전시의 모든 부분을 십대청소년들이 주관하는 것이 아니라 박물관 교육팀의 관리 감독 하에 선정된 지역의 조사를 담당하게 되는 것이며, 이에 따른 금전적인 보상은 없으나 사진촬영을 위한 디지털 카메라와 봉사활동 점수를 받을 수 있다. 저자는 이 사례가 협력 프로젝트라고 판단될 수 있는 이유로 청소년들이 부분적이나마 전시를 직접 기획할 수 있는 점을 주목하며 "박물관 측에서는 공간이나 시간, 감독 등의 전반적인 틀만을 제공할 뿐 세부적인 내용이나 전시디자인, 구현 등의 실질적인 부분은 모두 참여자에 의해 진행된다는 점"(233쪽)을 강조하고 있다. 프로젝트의 성공은 참여했던 청소년들이 졸업 후에도 다음 프로젝트에 봉사자로 활동하며 지속적인 관계를 유지할 수 있도록 하여 1996년부터 지금까지 장기적으로 프로젝트가 유지될 수 있는 원동력이 되어 왔으며, 그 결과 진정한 협력 프로젝트로 자리 잡을 수 있게 되었다. 저자가 제시한 본 예시는 단기적으로 한 시즌 만에 끝나는 협력 프로젝트가 난무하는 국내 박물관의 참여 방식을 다시 한 번 심사숙고하게 만들고 있다.

저자는 협력 프로젝트는 크게 두 가지로 나뉜다고 설명한다. "자문 프로젝트Consultative projects"(235쪽)는 전문가가 참여자들에게 지침을 제공하여 프로젝트를 진행하는 방식이고, "공동 개발 프로젝트Co-development projects"(235쪽)는 새로운 전시나 프로그램을 전문가와 참여자가 협력하여 개발하는 방식인데, 각 방식은 참여자가 프로젝트를 구현시키는데에 참여하는 정도에 따라 구별될 수 있다고 지적하고 있다. 첫 번째 방식인 자문 프로젝트의 경우 참여자의 역할이 불분명할 때 프로젝트가 원활히 흘러가기 힘들 수 있는데, 이를 방지하기 위해 "박물관 직원들이 참여자들에게 확실한 목표와 구체적인 역할을 제시해야 한다"(237쪽)고 저자는 강조하고 있다. 다음으로, 먼저 언급된 '우리 거주지 조사' 프로젝트가 두 번째 공동 개발 협력에 해당된다. 공동 개발 협력은 자문 협력에 비해 참여자들에게 더 많은 시간과 노력을 요구하는 경우가 대부분이므로, 때로는 "프로젝트의 결과보다 프로젝트를 통해 참여자들을 교육시키고자 하는 목적이 더 우선순위인 경우"(237쪽)도 있다.

저자는 이러한 협력 프로젝트를 실행하기 위해 가장 먼저 시작할 수 있는 출발점으로 "디자인 챌린지design challenge"(238쪽)를 꼽았는데, 이는 박물관이 다음의 세 가지 질문을 통해 협력 프로젝트의 진행 상황을 설계하는 것을 의미한다. 즉, "누구를who 참여자로 선정할 것인지, 어떻게how 프로젝트 개발을 구성해 나갈 것인지, 해당 프로젝트는 결과적으로 무엇을what 산출해 낼 것인지 구체적으로 설계해야만 성공적인 프로젝트가 완성된다"(238쪽)는 것을 강조하고 있다.

저자는 성공적인 디자인 챌린지의 일례로 베트남 민속박물관의 〈정부 보조 시대Subsidized Times〉전展이라는 특별 전시를 들고 있는데, 이는 1975년부터 1986년까지 배급 정책 하의 하노이 지역의 생활상에 관한 전시였다. 이 프로젝트의 디자인 챌린지는 당시 하노이 지역에 실존했던 기존 세대의 이야기를 어떻게 지금의 젊은 세대와 연결시키고 상호 이해시킬 것인가에 대해 설계하는 것이었다. 이를 위한 구체적인 방법으로 저자는 두 개의 팀으로 나뉜 다큐멘터리 영화 제작 프로젝트에 초점을 맞추고 있다. 즉, 다큐멘터리 영화의 영상 자료 확보를 위해 팀을 둘로 나누어 한 팀은 구시가지에 거주하는 연장자들을 대상으로 조사를 실시하고 다른 팀은 친인척 간의 인맥을 활용하여 자료를 수집하도록 하는 것이었는데, 양팀 모두 참여자들에게 일방적인 질문을 제시하는 것이 아니라 대화를 통해 참가자들이 능동적으로 "화자story-tellers"(240쪽)가 될 수 있도록 이끄는 것이었다. 참여자들은 다큐멘터리 영화의 제목 결정이나 편집에도 직접 관여하였는데 이에 따른 금전적인 보상이 지급되었고, 이는 무상으로 시간을 할애하기 힘들었던 참여자들을 위해 반드시 필요한 정책이었다. 저자는 "양 팀에 의해 제작된 두 개의 다큐멘터리 영화와 특별전시가 각계에 대단한 영향을 미쳤으며, 결과적으로 참여자들이 특별전시에 관해 주인 의식과 자부심을 함양하게 되었다"(241쪽)고 결론짓고 있다.

다음으로 저자는 협력 프로젝트에 있어서 박물관 직원들이 수행하게 되는 네 가지 기본적인 역할을 설명한다. 이는 "협력 프로젝트를 총괄하는 프로젝트 팀장, 참여자들을 대변하는 참여자 관리자, 참여자들을 교육시키는 교육관, 그리고 박물관의 이해를 대표하는 기관 대표"(243쪽)로 나뉘는데, 성공적인 참여 프로젝트 수행을 위해서 각 역할이 구분되어야 한다고 언급하고 있다. 그 중 "교육관과 기관 대표는 다른 직무와 더욱 구별되는 것이 중요"(243쪽)한데, 두 역할은 권위성을 띨 수 있으므로 자유롭게 참여자들과 의사소통을 해야 하는 프로젝트 팀장과 참여자 관리자의 역할과 병행되는 것은 바람직하지 않기 때문이라는 것이다.

여기에서 필자가 떠올린 것은, 미국 시라큐스에 위치한 에버슨 미술관Everson Museum of Art의 지역사회 전문가와 관람자의 교류를 추구하는 예술 포럼 프로젝트이다. 특별 전시를 진행함과 동시에 해당 작품을 제작한 예술가 혹은 관런 전문가를 초빙하여 관람자가 작품에 관한 설명을 듣거나 질의응답을 할 수 있는 포럼이 개최되는데, 참여하는 관람자의 편의를 도모하고 박물관과의 연락책을 담당하는 참여자 관리의 역할은 필자와 함께 근무하던 인턴들이 담당하였다. 인턴들은 대부분 해당 지역 대학교의 미술사학과나 박물관학과에 재학 중인 학생들로 구성되어 있어서 미술관의 이해관계와 직접적인 연관이 없었고, 따라서 참여자들의 의견을 기탄없이 미술관 측에 전달할 수 있었다. 본 예시의 참여 방식은 협력 프로젝트는 아니지만, 저자가 언급한 역할 구분에 있어서 적은 인건비의 인턴을 활용하여 미술관의 효율적인 운영을 추구함과 동시에 참여자의 원활한 활동을 도모하는 좋은 일례가 아닐까 생각한다.

다음으로, 저자는 네 가지 역할 중 교육관과 기관 대표에 대해 본인의 경험을 살려 구체적으로 설명하고 있는데, 교육관의 역할에서 가장 이상적인 참여자 교육이란 "참여자들의 필요에 의해 진행되는 것"(244쪽)이라고 지적한다. 예를 들어, 협력 프로젝트를 진행하면서 참여자들에게 일정한 틀을 제공하는 것이 아니라 관련 자료를 가능한 많이 제공하여 창의적인 프로젝트를 개발하도록 하면, 참여자들은 "자신들이 원하는 방향으로 나아가기 위해 필요한 지식이나 기술을 능동적으로 습득하고자 한다"(244쪽)는 것이다. 또한 기관 대표는 협력 프로젝트에 대한 객관적인 시각을 유지하기 위해 반드시 구분되어야 하는 역할이라고 언급하는데, 참가자들에게 정직하고 "때로는 불편한"(244쪽) 의견을 제시해야

하기 때문이라고 한다. 즉, 기관대표는 참여자들의 협력 프로젝트를 객관적으로 비평하는 역할을 담당해야 하는데 이 역할을 담당하는 직원이 반드시 실존해야 하는 것은 아니라고 말하고 있다. 참여자 관리자가 가상의 비평가를 선정하여 프로젝트가 너무 참여자 중심으로 진행되는 것은 아닌지 끊임없이 돌이켜보게 할 수도 있다는 것이다.

확실한 디자인 챌린지와 명확히 구분지어진 직원 역할의 좋은 사례로, 저자는 미국 산호세에 위치한 기술박물관 The Tech Museum의 가상공간 특별전시를 들고 있다. 이 전시는 2007년 저자가 프로젝트 팀장으로 활동하며 가상의 온라인 공간에서 참여자와의 협력을 시도했는데, 비전문가와 전문가의 교류를 통한 협력 프로젝트를 통해 7개월 안에 시범적인 전시를 개최하는 것이 목표였다. 프로젝트 팀장으로서의 저자, 자원봉사자들로 구성된 참여자 관리자, 기술박물관에서 전시디자인을 담당하는 교육관 및 본 전시를 위한 전담 큐레이터가 기관 대표로 고용될 예정으로 네 가지 직원 역할이 나뉘어졌다. 본 프로젝트의 핵심인 가상공간은 "제2의 인생Second Life"(245쪽)라고 명명되었는데, 저자는 3D 캐릭터로서만 서로를 인식하는 이 공간에서 책임자로서의 권한이 축소되어 모든 참여자들이 동등한 입장으로 전시 개발에 관한 의견을 나눌 수 있었다고 설명하고 있다. 그러나 저자는 프로젝트가 진행될수록 발생한 난점과 그에 따른 해결책을 다음과 같이 제시한다.

○ 직원 역할 구분의 붕괴

특별전시를 위한 큐레이터가 당초 예상과 달리 고용
되지 않았고 박물관의 전시기술자들 역시 참여자 교
육에 투입되지 않았는데, 이는 박물관 측의 예산 문
제였다. 결국 본인과 몇몇 자원봉사자들이 모든 전시
기획을 책임져야 했는데, 특히 참여자들을 격려하는
프로젝트 팀장으로서의 역할과 냉철한 시각으로 미
숙한 의견을 솎아내야 하는 기관 대표의 역할 사이에
서 많은 갈등이 있었다. 그러나 가상의 심사관을 설
정하여 참여자의 의견을 직접 묵살해야 하는 불편함
을 해소하고 참여자들과 동등한 입장에서 프로젝트
를 진행할 수 있었다.

○ 박물관 측의 프로젝트 변경

예산 문제로 인해 프로젝트의 스케줄이나 장소가 끊
임없이 변경되었는데, 이에 대하여 참여자들과 솔직
하게 의견을 공유하고 그에 따른 실망까지도 함께 나
누었기 때문에 변화무쌍한 프로젝트 지침을 무리없
이 따라와 주었다.

○ 상금 포상으로 인한 목표 의식 소실

7개월 간 진행된 프로젝트 중 가상공간에서 개발된
7개의 전시를 선정하여 해당 전시 개발자에게 5,000
달러의 상금을 포상하고 박물관에 실제로 설치하기

로 했으나, 참여자들 간의 협력을 저하시키거나 현실

공간에 똑같이 설치하는 것이 불가능하다는 점 등의

갈등이 있었다. 그러나 가상공간에서 뛰어난 아이디

어를 구현했으나 실현 불가능한 전시 작품에도 적은

금액의 상금 (500달러나 1,000달러)을 지급하는 등 가상

공간과 현실 사이의 차이를 메꾸려 노력했다.

(247쪽)

그러나 진행 상 위와 같은 해결책을 모색했음에도 불구
하고, 저자는 궁극적인 문제점으로 프로젝트 팀장인 저자만
을 의지했던 본 프로젝트가 저자의 퇴직 이후에 살아남지
못한 점을 들고 있다. 따라서 저자는 협력 프로젝트가 끝난
후에도 참여자와의 협력을 계속 유지하기 위한 방법으로
다음의 네 가지를 들고 있다.

○ 박물관이나 참여자 어느 한 측의 이익만을 반영하지
   말고 양 측 모두에게 의미 있고 도움이 되는 활동을
   찾아라.
○ 박물관 직원이 개발한 것 보다는 참여자들에게 더 친
   숙한 방법을 활용하여 프로젝트를 진행하라.
○ 참여자들과 언어 이외의 의사소통 기구를 만들어 관
   념적인 아이디어 표출 및 언어장벽 까지도 해소할 수
   있는 소통의 창구를 만들어라.
○ 진행 상의 다양한 갈등을 이겨낼 수 있는 튼튼한 상

호 신뢰를 구축하라.

(252쪽)

필자는 본 협력 프로젝트의 예시를 통해 가상공간을 이용한다는 면에 있어서 국내의 협력 프로젝트에도 다양한 방식으로 활용될 수 있으리라는 생각을 해 본다. 즉, 공간 제약으로 인해 오프라인 상에서 원활히 의사소통을 할 수 없는 경우나 거동이 불편한 장애인들까지도 모두 참여자로 활동할 수 있는 프로젝트를 디자인 할 수 있는 것이다. 각종 제약에서 벗어나 모든 참여자를 포함할 수 있는 프로젝트가 진행된다면 그것이 진정한 참여 프로젝트가 아닐까 생각한다.

저자는 문화재 관련 박물관에서는 전시나 프로그램 개발 쪽에서의 참여자 협력보다 연구 분야에서의 협력이 더 용이할 것이라고 말한다. 이는 창조적인 작업을 요하는 전시 개발 분야에서는 참여자의 능력이나 경험 위주로 진행되지만 연구 분야 협력에서는 박물관이 중심이 되어 참여자의 지식을 첨부하는 형태로 진행되기 때문이라고 설명하고 있다. 그러나 저자가 일례로 든 홀로코스트 추모 박물관에서의 자료 수집 프로젝트에서, 참여자가 수집해온 사료들의 진위를 검토하는 데 투자된 직원들의 노력과 시간이 직접 조사하는 것보다 더 손실이 컸다고 언급하고 있다. 그렇다면, 이러한 연구 분야 협력 프로젝트는 단순히 박물관 측의 손해를 바탕으로 참여자들만을 위해 진행된다고 할 수 있는가? 저자는 그렇지 않다고 답하며 시행착오를 두려워하지 않는다면 적합한 자료를 선정할 수 있는 '제대로 된' 연구자를 교육시킬 수 있다고 말한다. 이는 박물관이 참여자를 교육하여 앞으로의 훌륭한 연구자를 배출한다는 종적인 개념인데, 더 나아가 연구자들이 서로의 자료를 검토하여 오류를 수정하는 과정에서 횡적인 관계도 형성될 수 있다고 설명한다. 즉, 참여자들 간의 유대가 형성되어 종적인 박물관의 교육 뿐만 아니라 횡적인 팀워크로의 시너지 효과까지 기대할 수 있는 것이다. 따라서 근시안적인 박물관의 이해를 중심으로 단기적인 성과만을 추구하지 않는다면, 연구 분야에서의 참여자 협력 프로젝트는 박물관의 가장 근본적인 존재 목적인 연구와 관람자 교육을 통합할 수 있지 않을까 하며 저자의 의견에 깊이 공감하는 바이다.

그렇다면, 지금까지 소개된 책임감있는 참여자들 뿐만 아니라 박물관을 가벼운 마음으로 방문하는 관람자들이 참여할 수 있는 방법은 있을까? 저자는 문화재 관련 박물관을 관람하는 관람자가 현장에서 직접 참여할 수 있는 "실시간 real-time 참여 프로젝트"(257쪽)가 그 해답이라고 설명한다. 즉, 이것은 단순한 관중으로서의 관람과 활발한 참여가 적당히 구분되어 부담스럽지 않으면서도 언제든 참여를 유도할 수 있는 이상적인 참여 방식이라는 것이다. 저자가 소개하는 워싱턴 대학교의 참여 프로젝트는 관람자와 같은 눈높이에서 관객 상호 간의 의사소통도 가능할 수 있게 한 특별전시 〈Advice: Give It, Get It, Flip It, F**k It〉展(257쪽)으로써 저자의 의도를 충분히 반영하고 있다. 이 전시의 핵심은 벽에 포스트잇으로 관람자 간에 온갖 종류의 질문과 답변을 할 수 있도록 한 것인데, 흡사 화장실 낙서를 연상시킨다고 할 수 있다. 박물관 측이 제공하는 것은 단지 메모지와 펜에 불과하지만, 이러한 단순한 도구를 통해서 관람자는 복잡한 절차 없이 수월하게 프로젝트에 참여할 수 있게 되고 박물관을 고루하고 경직된 기관으로 생각하는 관람자까지도 부담없이 참여를 유도할 수 있는 통로를 제공하는 것이다. 즉, 진정한 관람자 중심의 디자인 챌린지는 어렵고 복잡한 설계의 프로젝트가 아닌 것이다.

성공적인 참여 프로젝트에 대한 관람자의 반응은 주목할 만하다고 저자는 지적한다. 프로젝트에 참여함으로써 관람자는 박물관과 더욱 개인적으로 밀접하게 연관되고 전시는 더욱 진실될 수 있다. 관람자와 박물관의 밀접한 연관이 박물관에 미치는 직접적인 영향으로는, 참여 프로젝트가 진행되어 가는 과정에 관심을 갖는 참여자와 프로젝트가 계속 변화하는 양상을 지켜보고자 하는 일반 관람자의 지속적인 방문 뿐만 아니라 박물관 종사자들이 관객에 대해 갖고 있는 편협한 생각을 넓히는 것이 가능하다는 것이다. 즉, 관람자는 박물관 종사자들에게 단순한 "소비자consumers"(262쪽)가 아니라 상호 소통하면서 박물관의 발전을 함께 도모하는 "파트너partners"(262쪽)인 것이다. 관람자를 파트너로 인식함으로써 교육 프로그램이나 전시를 기획하는 관점이 바뀌게 되고, 이는 최종적으로 "박물관 종사자들이 박물관에 대해 주인의식a sense of ownership을 갖게 된다"(262쪽)고 저자는 결론맺고 있다.

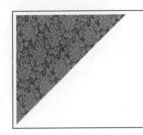

박물관이 우리 삶에 어떤 가치가 있는가. 지역민들이 박물관에 참여한다는 것은 무엇을 의미하고, 그것은 또 어떤 방식이어야 하는가. 이런 질문을 통해 저자는 박물관의 참여방식에 대해 사례를 들어 이야기하고 있다.

제8장은 "관람자들과 함께 하는 협업창작"의 문제를 다룬다. 저자는 사례를 통해 지역에서 박물관의 의미와 가치뿐 아니라, 지역민들의 주체적인 참여활동의 실제를 보여주고 있다. 예를 들어, 박물관에서 전시주제를 정하고 지역의 협조를 요청할 때, 박물관의 태도와 자세는 지역 사람들이 원하는 것을 전달할 것을 최우선으로 삼고 있다. 박물관과 지역공동체 협력자들은 참가자들에게 더 많은 힘을 실어주기 위해 노력해야 한다고 말한다. 프로젝트 개발과정에서도 참가자들의 일하는 방식과 선호도에 따라 의사결정이

공동으로 이루어져야 함을 강조한다. 이렇게 "협력"의 실제
에서 참여자들의 "자발성"을 그 어떤 것보다 중요한 가치로
인식하고 있다.

　따라서 이 장은 지역민과 함께 할 때, 지켜야 할 협력
기준을 제시하게 될 것이다. 초점은 박물관이 주도하고 참
여자들이 보조하는 것이 아니다. "공공의 이익"을 위한 협
력이다. 따라서 이들 박물관이 관람자에게 접근해야 할 태
도는 '도와 달라'가 아니라, '함께 하자'고 청하는 데 있다고
강조한다. 이것은 박물관의 운영철학의 우선순위가 지역사
회와의 관계를 최우선으로 하고 있다는 것을 의미한다. 즉
박물관은 지역의 이야기를 통해 경험을 나누는 장으로 탈
바꿈하고자 해야 한다는 것이다. 사례에서 협력하는 과정
을 보면, 핵심고문위원회(CAC)가 중심이 된다. 이 위원회는

실제적으로 의사결정을 하는 기구다. 형식적인 자문기구가 아니라 공동체의 필요에 의해 구성된 책임 있는 기구다. 이들의 활동은 주요 의사결정과 중점 메시지, 테마와 내용, 전시의 형태와 관련된 요소들을 개발하는 데 있다. 사례에서 주목해야 할 것은 핵심고문위원회의는 공동체 구성원이지 박물관의 직원이 아니라는 점이다. 저자는 박물관의 최우선 가치는 지역민이 스스로 박물관에 참여하도록 독려하는 것임을 분명히 하고 있다. 따라서 저자는 박물관이 이들 단체와 협력하는 과정에서 필요한 원칙들이 무엇인지를 밝히고 있다.

> 첫째, 지역 주민의 필요와 관심을 통해 그들의 목소리를
>   내도록 자리를 마련하는 것
> 둘째, 지역사회의 문제를 공동으로 논의하고 대화의 장
>   소로 활용하는 것
> 셋째, 참가자들이 목표로 한 것들을 개발하도록 지지하
>   고 지원하는 것이다.
>
> (263쪽)

저자는 위의 세 원칙들은 지역주민이 그들의 문제를 공동으로 논의하고 자발적으로 참여하게 하는데 초점을 맞추고 있다. 이러한 협력의 원칙들은 기관의 목표가 아니라, 참가자들의 목표를 지지하고 지원하여, 지역의 문제를 논의하는데 그 목표를 두고 있다. 이러한 과정에서 박물관은

'국가의 목소리를 대변'하기 위한 것이 아니라, 지역 주민인 그들의 '목소리를 내도록' 자리를 마련하는 데 그 목표를 두어야 한다는 것이다.

우리는 어떤가. 박물관이 지역 주민의 필요를 담고 있는가? 지역 주민들이 박물관에서 그들의 목소리를 낼 수 있는가? 박물관과 지역주민들이 공동으로 협력하는 '관계'인가? 우리 지역 주민들은 자신들이 겪고 있는 문제에 대해서 박물관에서 공동으로 논의하고 대화할 수 있는가? 최근 우리는 충격을 받은 세월호 사건을 통해 윤리와 책임의식의 부재를 읽을 수 있다. 이러한 재난 사고가 수도 없이 일어났지만 그것을 제대로 기록하는 박물관은 보기 어렵다. 위의 사례와 비교가 된다.

저자는 박물관이 지역사회의 문제에 대해 책임이 있음을 역설한다.

박물관의 전시는 국가의 필요와 정책적 관심에 의해 수행되기만 해서는 안 된다는 것을 강조한다. 협력의 진정한 의미가 무엇이고, 어떻게 해야 하는지를 협력창작사례를 통해 제시하고 있다. 저자는 지역의 문제를 어떻게 다루어야 협력과 창작의 과정으로 나아갈 수 있는지를 자세히 보여준다. 박물관의 역할은 지역사회의 문제를 공동으로 논의하고 대화하는 장소가 되어야 한다고 주장한다. 저자는 "그들이 원하는 것을 전달"하는 기관이 박물관임을 명료하게 제시하고 있다. 저자는 줄곧 지역민들이 박물관을 "공동소유"의 개념으로 접근할 것을 강조한다. 박물관의 책임은 지역민들이 '원하는 것'을 말할 수 있도록 장을 여는 것이라 한다.

저자가 소개한 사례를 통해 우리 현실을 보면, 우리 박물관에서는 지역사회의 "문제"를 논의할 수 없는 구조적 한계가 있다는 게 필자의 생각이다. 그 중 문제의 핵심을 국가와 박물관의 '입장'만 강조된다는 것이다. 지난 정부 때 우리는 4대강 사업에 대해 반대 여론이 70% 정도로 매우 높았지만, 박물관은 그와 관련하여 지역민과 논의한 결과로서 전시는 매우 드물었다. 저자는 박물관은 "그들의 공동체의 문제"를 다루어야 하는 곳이어야 함을 분명히 했다. 그뿐 아니라 어떤 관점에서 접근하는 것이 바람직한 가를 논의의 주제로 삼았다.

저자는 바람직한 협력의 사례로 Wing Luke Asian Museum의 전시개발과정을 소개한다. 이 박물관의 큐레이터는 2002년 15명의 양복점 노동자들이 그들이 겪은 이야기를 전시하기로 결정한다. 저자는 Wing Luke Asian Museum의 〈만약 지친 손들이 말할 수 있다면 : 태평양 아시아계 미국인 양복점 노동자들의 이야기〉展이 서양 박물관협회에서 최고의 전시로 선정된 것은 구전되는 역사와 지역 사건들로 전시의 의미를 살려낸 때문으로 보았다. 저자는 전시 관점의 중요성을 언급한다. 반드시 "1인칭 관점"일 것을 힘주어 말한다. 이것은 다른 말로 내부자적 관점이다.

사례로 든 전시는 양복점 노동자들의 '눈과 말'로 한 전시다. 전 감독이었던 Ron Chew가 과정개발에 참여하면서

내 건 기준은 독특하다. 이 전시의 제목에서는 노동자인 전시 주체의 시각이 뚜렷하다. 다시 언급하면 "만약 지친 손들이 말할 수 있다면 : 태평양 아시아계미국인 양복점 노동자들의 이야기"다. 전시제목은 '지친 손'에 주목하여 '손이 하는 말'에 초점을 맞추고 있다. 이 전시에 대한 평가준거는 박물관이 주체가 아니다. 지역단체의 협력과 지도가 중심이 된다. 지역 노동자의 노고를 관람자들이 느낄 수 있게 노동자들의 '지친 손'을 부각시키고 있다.

이 전시감독은 "박물관은 지식의 요새가 아니라 바깥세상을 비추는 포탈"이어야 하기 때문에, 박물관은 "지역의 이야기를 나누는 장소"여야 한다는 것이다. 즉 전시품이 중심이 아니라 '사람이 중심이 되는 박물관'이어야 함을 강조한다. 이것은 정보의 나열을 경계해야 함을 보여준다. '바깥세상'의 의미는 의미 있는 주제여야 함을 말한다. 관람자에게 '새로운 안목'을 제공해야 한다는 것을 강조한다. 저자는 전시가 정보를 수집하여 요약한 백과사전이 되어서는 안 된다고 하였다. 우리가 향하는 '그곳'을 보여줄 수 있어야 한다는 것이다.

이러한 전시를 가능케 하는 전제조건은 공동체에 헌신한 이들을 드러내는 데 있었다. 전시는 이들이 이 나라에 헌신한 사람들을 드러내 관람자들이 나라에 자부심을 갖도록 하는데 주력한 것이다. 이를 위해 전시감독은 지역민들과 관람자와의 관계를 열고 맺어주는 데 전시의 의미를 두었다. 즉, 공동체의 이야기를 전시를 통해 전달하고 이러한 이야기를 관람자들과 공유하게 만든 것이다.

사례에서, 박물관의 직원들은 그들의 사회적 역할을 지역민의 목소리를 담아내는 데 두고 있다. 이들은 "관람자들이 필요로 하는 서비스를 그 지역민을 기반으로" 제공하는 것이 박물관의 책임이라고 말하고 있다. 다시 말해 이 박물관에서는 "사람들이 원하는 것을 전달"하는 것을 참여의 핵심으로 인식하고 있는 것이다.

저자는 이 전시의 프로젝트 진행과정을 상세하게 설명하면서 이들이 전시를 개발하는 단계에서 어떤 논의가 이루어지는 지를 관찰자의 눈으로 정리하고 있다. 이 프로젝트의 협력의 과정은 전시를 개발하는 동안 구성원들이 "모든 단계마다 관여"할 뿐 아니라, 보다 중요한 것은 "그들에게 가장 의미 있을 이야기"를 구성해 내는 것이라 하였다. 전시감독인 Ron Chew의 이력이 기자와 지역운동가라는 것에서 알 수 있듯이, 전시는 큐레이터의 권위에 의지하는 것이 아니라 지역의 역사와 사건을 지역민의 관점으로 다루려는 노력이 엿보인다.

그러나 한편으로 필자는 저자의 말에 동의하기 어렵다. 저자가 말하는 것과 같이 '공헌하고 헌신한 사람들'에 주목하는 것은 자칫 문제가 될 수도 있다는 생각이다. 박물관에서 공헌과 헌신을 무엇으로 볼 것인가의 문제를 생각해 보아야 한다. 우리나라는 그동안 지속적으로 '나라'에 '애국하는 방법'으로 군사주의와 민족주의, 국가주의가 지나치게 강조되어 왔다. 저자가 소개하는 것이 좋은 사례가 된다고 볼 수 있지만, 이렇게 되면, 의도적으로 전시는 '이 나라 국민 됨'을 자부하도록 부추기는 것이 된다. 이것은 상대적으로 비국민에 대해서는 도외시하게 된다. 다른 시각에서 보면, '공헌할 수 없는 처지에 놓인 사람들' 즉 사회적 약자에 대해서는 외면하게 된다. 그렇게 되면 전시는 이 나라에 공헌하고자 했으나 헌신할 수 없는 사람들에 대해서는 배제할 수밖에 없게 된다. 또한 주류에 초점을 맞추게 되고 개개인의 특성과 다양한 가치관에는 주목하지 못할 수도 있다. 예를 들어, 한글을 읽을 수 없는 고령 비문해자들은 글자를 모른다는 이유로 모든 교육의 장에서 배제되어 왔다. 이들의 삶이 왜 그렇게 되었는지에 대해서 논의의 장을 펼치는 우리나라 박물관을 필자는 보지 못했다. 한글박물관에서도 이것을 깊이 있게 다루지 못하고 있다. 그들이 단지 '글자'를 모르고 자신들의 이익을 집단화하지 못했다는 이유인지는 모르겠으나, 결과적으로 이들은 나라에 책임을 묻기보다, 자신의 '무능력'으로 그 문제를 바라보았다. 전시의 공적책임을 생각해 보게 된다.

우리에게도 '바깥세상'을 보여준 전시가 있기는 할까. 시도가 전혀 없었던 것은 아니다. 2012년 국립민속박물관에서 다루었다. 우리 박물관에서는 동남아 결혼이주로 시작된 다문화문제를 '문화다양성'의 시각으로 접근하기 보다는 '동화 이데올로기' 창출로 전개되어온 측면이 없지 않다. 따라서 이러한 접근은 서구 이주의 역사에서 문제가 되어왔다는 것을 익히 알고 있었지만, '다문화'전시는 '우리 전통 문화'의 중요성이 강요되고, 그들 이주민들의 고유의 문화전통은 간과한 측면이 없지 않다. 박물관은 이런 문제들에 대해서 알게 모르게 우리의 문화를 '따르도록' 제시해 온 것이다.

내 이름은 마포포 그리고 김하나 전시 포스터
© 2012, 국립민속박물관.

이러한 관점을 바꾸려는 노력은 2012년 〈내 이름은 마포포 그리고 김하나〉展이었다. 박물관은 새로운 시도를 한다. 객원 큐레이터 제도가 그것이다. 이 제도는 전시주제에 관하여 잘 알고 있는 당사자가 주체가 되어 전시를 기획하도록 배려하였다. 즉 전시는 내부자 관점으로 '그들'의 목소리를 담는데 주력하였다. 이 전시는 앞서 협력 프로젝트의 세 가지 원칙 중 첫 번째인 지역단체 참여를 중요하게 여기는 것에서 크게 벗어나 있지는 못하고 있다. 즉, 이러한 문제들에 대해서 공동으로 대화하거나 토론하는 장이 박물관에서 마련되지 않았고, 이 전시에 참여한 당사자들의 목표가 무엇인지도 분명하게 드러나 있지 않다. 그렇다 할지라도 내부자적 관점을 통한 전시의 접근은 매우 의미있는 시도였다는 점에서, 이 전시는 우리 박물관 현실에서 사회적 문제에 대한 참여의 방법이라고 볼 수 있다. 저자의 논의를 따라 우리 현실을 보면, 박물관은 관람자를 동원할 뿐이다. 우리 박물관이 지역민과의 참여를 위해서는 사회적 의제를 통해 토론의 장을 마련하는 것이다. 이렇게 전시에 대해 담론이 형성되면, 전시가 가진 현실의 문제를 대면하는 것이 될 수 있고, 그것은 우리 삶에서 성찰의 기회가 될 것이다. 그렇게 되면, 박물관이 공동체의 중심이 되고, 전시를 '읽는'수준이 아니라, 전시를 통해 새로운 '이야기'를 만들어내는 과정이 될 수 있을 것이다.

《사회참여예술이란 무엇인가?》(파블로 엘게라, 열린책들, 2013)에서 참여 수준에 따른 분류를 볼 수 있다. 수준은 네 차원으로 분류된다. 먼저 관람자가 수동적으로 관망하는 태도를 '명목적인 참여'라 했고, 다음으로 관람자가 단순하게 참여하는 방법을 제시한 '지시된 참여'로 분류하였다. 이것을 흔히 볼 수 있는 '나무에 소원달기'같은 것이다. 세 번째로는 관람자가 큐레이터가 제시한 틀 안에서 특정 콘텐츠를 제공하는 형태의 참여를 '창의적인 참여'로 나누었다. 마지막으로는 이 책의 저자가 말하는 공동의 참여 프로젝트인 '협업 수준의 참여'가 있다고 하였다. 이 참여에서 핵심은 공동의 개발과 책임을 가진다는 것이고, 콘텐츠를 개발하는 전 과정을 참여자들과 공유하는 것이다.

사이몬은 '협업 수준의 참여' 프로젝트에서 주목해야 할 점을 지적한다. 책임자들이 일개 기관의 목적을 위해 지역민들의 참여를 강제하지 않아야 한다는 것. 지역민들이 주체가 되도록 하는데 박물관은 조력할 뿐이어야 한다는 것이다. 그렇기 때문에 전시기획 단계는 전체적인 주제가 정의되고 나면, 전시품과 이야기, 실행조사와 전시를 위한 자원봉사자 모집 등 조직 및 체계를 자율적으로 구성하여 진행하도록 도와야 하는 것을 우선으로 한다. 이때 박물관의 직원들이 적극 참여하는 범주는 디자인과 연구, 공동체를 알선하는 데 주력한다. 이 사례에서 박물관의 직원들은 일종의 지원 세력인 셈이다. 박물관은 참여자들에게 접근할 때, 기술적인 부문에 대해서만 개입하는 것을 볼 수 있다. 이것에서 보면, 박물관의 전시에 대한 효과를 '관람자의 수'에 두지 않고 있음을 알 수 있다. 저자는 협력의 의미를 새로운 공동체와의 관련성을 찾는 것임을 상조한다. 따라서 전시의 평가기준은 관람자들을 성장시키는 효과가 있었는가에 있다. 우리와는 너무나도 다른 모습이다. 그들의 관심은 관람자들의 능력향상에 초점이 모아져 있다.

우리나라 박물관에서 우리가 흔히 공동체를 말하고 구현하는 방식은 기관 중심이다. 그렇게 될 수밖에 없었던 것은 박물관을 국가의 '홍보'기관으로 보는 경향 때문이다. 그렇지만 여기에서 저자가 제시하는 공동체적 경험에 대한 전시는 우선, 전시가 개개인들에게도 어떤 의미가 함축되어 있어야 한다는 것을 강조한다. 이것은 기관이 목적한 것과 전시결과가 다를 수 있다는 것을 보여준다. 그렇다 할지라도 저자는 프로젝트에서, 그 의미를 서로 논의하면서 타협하고 조율해야 함을 말하고 있다. 어떤 결과를 '내 놓는' 전시보다는 어떻게 '함께' 공동체의 문제를 경험을 해 볼 것인가의 문제, 즉 협업의 과정을 강조하고 있다. 그 예를 〈위키피디아는 예술을 사랑해〉展 전시경험을 들고 있다. 이 프로젝트에서 참여자들의 타협의 결과는 세 가지로 압축되었다. 박물관은 사진 촬영을 위한 경험을 조직하는 방법과 사진들의 저작권 문제해결, 엄청난 사진들을 인증번호로 '목록화 하기'였다.

저자는 불편한 것들을 제거하는 것이 중요하게 다루어져야 하는 이유를 간명하게 기술하고 있다. 프로젝트 진행 과정은 아주 실제적인 협의가 되었다고 볼 수 있지만, 여전히 저작권의 문제는 예술기관과 위키미디언, 사진사들을 협력창작 집단으로 묶어 내면서 해결되었다고 말한다. 이렇게 하는 동안 전시는 전 세계의 박물관에서 계획되었고 구성될 수 있었다. 저자는 사진을 업으로 하는 사람들이 디지털 관중에게 다가가는 방법과 그들이 관중들로부터 지지를 받는 방법을 익히게 되었다고 평가한다. 저자는 한 참여자가 반 고흐와 보쉬의 사진들을 합법적으로 사용할 수 있었다는 점에서 성공했다고 평가하였다.

협력과 창작의 두 관계에서 놓쳐서는 안 되는 것은 공동의 목표라고 저자는 말한다. 참여와 협력의 과정에서 일의 수행 및 결과만이 아니라, 일의 도덕적 기준과 목표에 합의해야 함을 구체적으로 보여준다. 이를 위해서는 일의 수행과정이 중요하다는 것이다. 저자는 즉 일의 중요도를 선별하는 것, 통제에 대해 간과해서는 안 된다는 지적이다. 다시 말해 해야 할 것과 하지 말아야 할 것을 분명히 해야

한다는 점을 언급한다. 이들은 '서로 협력할' 규칙과 우선 사항 뿐 아니라, 공동체 구성원들을 '존중'해야 함을 전제로 한다. 따라서 저자는 협력의 관계에서 전제되어야 할 것은 이들 간 '믿음'임을 강조한다. 이것이 기초가 되어야 협력과 창작이 가능한데, 이때 박물관 직원들은 참가자들의 조언과 지도를 귀 기울여 들어야 한다고 충고한다. 저자는 집중해야 할 것은 참가자들의 활동을 돕는데 있음을 박물관 직원들에게 귀띔하고 있다.

저자는 다음으로 협력과 참여를 위한 공동체 구성원들의 신뢰가 왜 중요한가를 알아보고자 하였다. 그에 대한 답은 서로에게 도움이 되는 경험을 위해서라고 말한다. 저자는 사례에서, 'YES' 청소년 단체가 활동할 수 있는 권한을 부여하는 것이라고 하였다. 여기서 직원과 참가자들의 관계는 모든 것을 공유하면서 '느슨하게' 진행되지만, 경우에 따라 마찰과 충돌은 불가피하다고 말한다. 저자는 이것이 발생하는 원인을 '공동의 비전'이 없기 때문이라고 잘라서 말한다. 그들 간에 마찰이 있다 할지라도 직원들은 이런 도전을 계속할 것을 권한다. 왜 그럴까? 여기서 저자는 마찰과 갈등을 학습으로 보는 시각을 엿볼 수 있다. 이러한 마찰이 결국은 기관의 궁극적인 성장경험의 토대가 되고 이것은 전략적인 정책 개발이 될 수 있다는 것이다. 즉 갈등을 통해 성장할 수 있다는 것이다. 저자는 이러한 문제들에 대해 피할 것이 아니라, 내부적인 대화를 통해서 문제를 해결해 나갈 것을 권고하고 있다. 저자가 결과를 내는 데 목표를 두기보다 과정에서 우리가 함께 해야 할 학습에 초점을 맞추고 있다는 것을 알 수 있다.

따라서 이들은 국가에 책임과 의무를 묻지 않음으로 인하여 아이러니하게도 '헌신'하는 방식이 아닌, 순종하는 방식으로 나라에 '공헌(?)한' 셈이 된다. 필자가 보기에, 박물관은 본래 '가치'에 주목하는 곳이라는 점에서, 박물관이 '공헌과 헌신'을 강조하는 것은 당연한 귀결인지도 모른다. 그렇지만, 우리가 '공동체'를 지향한다는 점에서 보면, 예를 들어, 앞서 잠깐 살펴본 바와 같이, 비문해자들은 상대적으로 '헌신과 공헌'이 강조됨으로 인하여 이들의 공동체적 기여에 대해서 박물관은 무관심했다고 볼 수밖에 없다. 박물관은 따라서, '공헌과 헌신'을 드러내기 보다는 우리가 가지고 있는 공동체의 '문제들'을 문제제기를 할 수 있어야 한다.

박물관의 책임은 문제를 드러내고 관람자들이 그것을 해결해 나갈 수 있도록 하는 것이다. 우리 공동체에 엄연히 '문제들'이 보인다면, 문제를 다룰 수 있어야 한다. 그것이 사회에 대한 박물관의 '공헌과 헌신'일 수 있다. 현재 우리의 박물관은 공동체적 관점에서, 주류에 편입되지 못한 이들에 대한 배려가 부족해 보인다. 우리 사회에 그러한 시각을 가진 전시가 너무나 부족하기 때문이다. 박물관이 '공헌하고 헌신할 수 없었던 사람들'의 문제에 주목하지 않고, 논의하지 않는 한, 공동체적 협력은 '무늬'로만 남아 있게 될 것이다. 가령 소외된 사람들의 경험에 대해서는 다양한 방식의 전시가 요구된다. 예를 들어, 글자를 모르는 사람들에게는 문자가 아닌 '구술'로도 충분히 전시가 가능하다. 문자가 아닌 말과 행동을 영상 등의 방식으로 수집이 가능하다. 그들이 글은 잘 모르지만 말할 줄 알고 판단할 줄 알며, 그들이 이해하고 존중하는 방식으로 그들의 삶을 살아왔다. 때문에 우리 사회에서는 공헌과 헌신의 의미에 대해서 제고할 필요가 있다.

저자는 이러한 신선한 프로젝트의 과정은 열린 제안에서 가능했다고 말한다. 이 전시의 개방성은 "어느 누구나 전시를 제안할 수 있고, 그 제안들은 적합성을 고려하여 평가"하는 데 있지만, 중요한 것은 협력창작 과정이 없었다면 그것은 불가능했다고 말한다. 이 프로젝트의 지향점은 "새로운 공동체의 성장과 그 효과들을 드러내는 데"있었다. 이 박물관의 직원들은 박물관을 생각하기를, 공동체를 성공적으로 이끄는 곳으로 인식하고 있었기 때문에, 이들은 지역 사람들과의 대화와 공동체에서 보이는 반응들을 우선적으로 살피는 데 주력한 것이다. 그렇다면 이들이 제시하고 있는 성공의 지표를 살펴볼 필요가 있다.

○ 우리는 박물관 프로그램들에 지역 단체 참여를 중요하게 관찰한다.

○ 공동체 구성원들은 그들이 함께한 시간을 공유한다.

○ 사람들은 박물관 프로그램들에서 그들의 참여를 통해 배우고 감동한다.

○ 사람들은 우리의 전시와 이벤트로부터 그들 스스로의
무언가를 본다.

○ 사람들은 박물관의 구성원이 된다.

○ 사람들은 우리 전시들에 대해 전시품과 이야기들을
내 놓는다.

○ 공동체는 박물관의 새로운 주요 전시를 지원한다.

○ 사람들은 긍정적 그리고 부정적인 피드백을 주는데
편안하다.

(268쪽)

    이들이 만든 성공의 지표는 그것을 성공으로 이끌 수
있는 기준 위에 수립되어 있다. 성공적인 협력창작 프로젝
트의 원칙은 두 가지로 축약되어 있다. 첫째는 "협력창작에
참여하는 모든 이들은 서로의 목적과 흥미를 존중하고, 프
로젝트 기간 내 허용되는 것과 허용될 수 없는 공동의 가이
드라인"을 설정한다. 둘째는 "이 프로젝트에 참여하는 모든
구성원들은 마음속으로 생각해 둔 아이디어를 숨겨서는 안
되고, 프로젝트 가이드라인 안에서 최고의 가치"를 만들어
가야 한다는 것이다. 이때 박물관 직원들은 새로운 과제를
안게 되는데, 그것은 협력단체와 어떤 자세로 임해야 할 것
인가의 문제가 발생한다. 이들은 그들 스스로에게 이런 질
문을 던진다. "어떻게 직원들은 이들 아마추어들에게 공동
의 목적을 달성하기 위한 도구와 기술들을 줄 것인가?" 이
러한 질문이 목표로 하는 것은 협력자들이 그들이 풀어낼

주제에 대해 주도하도록 격려하는 것이다. 이것은 협력자들이 프로젝트에 더욱 적합하게 참여하게 하는 구체적인 방법이 되는데, 그것은 과제를 던져주는 방식이다.

그 방식은 "협력 제작 게임"이다. 저자는 마음에 드는 전시 장소, 그들이 좋아하는 장소에 대해 이름 붙이기, 관람자들이 제안한 투어를 해석할 수 있는 문학작품 등을 안내하면서 과제에 참여하는 방식을 취하였다. 이러한 방식은 협력 과정에서 창작하는 방법을 체험하게 된다고 볼 수 있다. 그것은 '조정'되고 타협하면서, 서로가 공유하는 의미가 무엇인지를 분명히 다지는 것이다. 저자는 이것을 프로젝트의 성공의 관건으로 보았다.

우리의 박물관에서 이러한 시도는 보기 드물다. 협력적 관계 속에서 전시를 진행한다고 하지만, 우리는 지역의 협력을 '전문가 자문'의 형식으로만 접근하여 왔다. 상대적으로 저자의 시각은 협력 프로젝트에서 주도성을 가져야할 사람들은 지역민들이어야 한다는 확고한 메시지를 읽을 수 있다. 저자는 이러한 것이 가능할 수 있었던 토대로 박물관의 사회적 책임에 관한 논의의 중요성을 강조한다. 박물관의 본질은 지역의 문제를 해결해 나가는 교육적 책임을 다하는 것에 있다는 것이다.

저자가 사례를 통해 말하려는 것은 박물관의 정체성이다. 전시가 누구의 편에 서야 하는가 우리가 지금, 여기에서 무엇을 해야 하는가를 묻는다. 사례는 박물관이 어떤 맥락에서 우리 사회의 문제들을 접근해야 할 것인지에 대한 논의의 자리였다. 저자의 의도에는 박물관에 종사하는 전문가인 우리들에게 던지는 반성과 질책이 포함되어 있다. 저자는 우리가 어떤 공동체를 원하는가, 박물관은 어떤 공동체를 만들 수 있는가에 주목하였다고 볼 수 있다. 전시가 지역민의 자발적 참여와 내부자적 관점에 따라, 어떻게 다른 결과를 낼 수 있는지를 보여주었다. 박물관이 사회적 의제를 통해 관련 기관들과 관람자, 참여자 간 어떻게 협력적 관계로 발전될 수 있는지 그 가능성을 여실히 드러내고 있다.

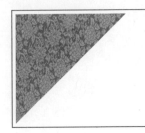

제9장에서는 박물관이 지역의 아마추어 집단과 파트너십을 형성하는 방법을 제시하고 있다. 몇 가지 원칙을 살펴보면, 첫째, 관람자들이 하고 싶은 것을 할 수 있게 해야 하고, 둘째, 박물관은 전시를 통해 공공성을 살려내기 위한 '도시 광장'의 역할을 해야 한다는 것이다. 저자는 박물관은 일상에서 가벼운 방식으로 관람자들이 참여할 수 있도록 해야 하는데, 이를 위해 박물관의 환경은 어디에서나 인터넷에 접속되어야 하고 블로그나 팟 캐스트 등을 통한 가이드라인이 필요하다고 말한다. 따라서 저자가 말하는 참여박물관의 지원과 노력의 핵심은 관람자가 주체가 되도록 하는 것임을 알 수 있다.

예를 들어, 저자는 박물관의 마케팅 방법을 소개한다. 관련 참여기관과 관련하여 수공예품을 할인 판매하거나

보스턴 어린이박물관의 경우 '건강하게 먹기'라는 이름으로
주간 농부 시장을 마련한 사례를 소개한다. 창작 파트너 쉽
은 "외부의 참가자들이 서비스나 경험들을 제공할 수 있을
때 가장 쓸모가 있다"고 하였다. Denver 미술 박물관에서
펼친 협력 예술 생산 활동은 달마다 하는 파티와 공동의 뜨
개질, 스크린 페인팅의 장을 마련하고 관람자들이 '내가 좋
아하는 것'을 선택하도록 하였다. 이때 주의해야 할 점은
"프로그램의 주제를 목적과 일치"시키는 것임을 강조한다.

저자는 Skokie 공공도서관의 예를 들어 "노는 것"을 통
한 임무 수행의 전술을 말한다. 즉 도서관의 공공성의 의미
를 분명히 제시한다. "공공도서관은 모든 나이대의 개개인
들과 가족들이 평생 배울 수 있는 곳이어야 하고, 유행하는
문화와 예술에 대한 즐거움을 제공하는 공동체여야 한다"

는 것이다. 이러한 활동을 통해 도서관의 목적은 지역민들이 지식의 자유와 문화적 다양성 등의 기회를 얻도록 하는 데 있다고 하였다. 공공도서관의 이러한 프로그램들을 평가하는 기준은 "무엇이 새로운 공동체의 가치인가"였다.

과학관 사례도 소개된다. 이러한 실천을 보여준 Ontario 과학관(OSC)은 국제적인 유튜브 이용자들을 위한 888이라는 파티를 연다. 이 행사는 기술을 획기적으로 탐험하는 가운데 청소년들에게 사회적 경험을 제공하려는 것이었다. 행사의 초점은 참가자 관점으로 가치 있는 경험을 생성하는 것에 두었다. 과학관은 이용자들이 그들 자신의 사회적, 창의적 목적을 위해 장소를 제공한 것이라 하였다.

저자는 도서관과 과학관의 사례에 이어 시애틀의 '경험 음악 프로젝트와 공상과학 박물관EMPSFM'의 청소년 프로그램을 소개한다. 공상과학박물관은 13~21살의 청소년 음악가들을 위한 밴드를 결성하고 공연할 수 있는 기회를 제공하였다. 이 프로그램의 이름은 "질러!"다. 그러나 결승전에 참여하는 아이들은 락 콘서트를 위한 장소로만 보고 있었다. 이러한 문제들을 극복하기 위해 박물관은 네 차원에서 협력을 끌어낸다. 그것은 온라인공동체구성과 교육프로그램 개설, 전시와의 통합, 이전 참가자들의 지원활동이다.

먼저 온라인 공동체구성의 방법은 온라인 밴드들이 서로 연결할 수 있는 소셜 네트워크를 개설하는 것이었다. 청년 자문단을 구성하고 이전 참가자들을 통해 관리되는 자발적 공동체로 운영된다. 둘째, "질러!"에 참여하는 이들을 위한 교육프로그램은 "어린 음악가들이 그들의 음악적 그리고 공연기술들을 향상시키기 위한 캠프와 워크샵을 제공"하는 것이다. 하지만 참가자들이 결승전에 선발되지 못하여도 그 다음 해에 참가할 기회를 제공하는 의미로 교육프로그램을 운영한다. 세 번째의 전시에 통합시키는 방법은 구술의 역사와 미디어 전시, 또한 청소년 관람자들이 핸드폰을 통해 그들의 음성과 시각적인 매체를 생산하고 접근할 수 있는 기회를 제공한다. 마지막으로 이전에 참가했던 이들과 함께 하는 방법은 이전의 3년 동안 참여했던 이들에게도 역할을 부여한다. 예를 들어, 티셔츠 그래픽 디자인작업 및 출전자와 공연을 보도하는 기자로서 활동을 요청한다. 공상과학박물관의 "질러!"공연은 참가자들이 활동을 통해 협력하고, 자신들의 공동체를 만들어간 과정을 보여준다.

우리 박물관에서도 공연과 연극 등이 펼쳐진다. 박물관의 공연은 따라서 전시와 연계되지도 않을 뿐 아니라 공연프로그램을 통한 관람자간의 협력과 참여는 더더욱 보기 어렵다. 즉 우리의 박물관에서의 공연활동은 참여에 목적이 있는 것이 아니라, 하나의 '볼거리'일 뿐이다.

저자는 "모든 프로젝트는 이벤트가 되어선 안 된다"고 주장한다. 공동체 구성원들이 전시를 제안할 때의 몇 가지 논리가 있다. 첫째, 전시들은 제한된 시간에 진행된다. 둘째, 참가자들은 개발비용 등 관련 비용을 보상받는다. 셋째, 박물관은 전시개발의 기본적인 스케줄과 뼈대를 제공하면서 과정을 도와준다. 넷째, 참가자들을 돕는 방법은 공적인 것만이 아니다. 전문가와 대화를 하는 것, 기술을 향상시키고 자신감을 북돋는 것이 포함된다. 다섯째, 참가자들은 관람자 개발의 전략을 적극적으로 발전시킨다. 여섯째, 참가자들이 전시를 운영하는 동안 격려받고 전시품에 대한 이야기들과 열정을 함께 할 때 활기찰 수 있다고 하였다. 이들 공동체 전시에서 핵심은 최고의 전시를 생산하는데 있지 않다. Detroit 역사 단체에서는 Detroit 시민들에 대한 독특하고 방대한 이야기를 반영하도록 한다. 디자인의 선택에서도 이들 단체의 속성을 드러내는 데 주력하다 보면 자칫 산만해 질 수 있다는 점에 주목한다. 따라서 박물관이 이들 단체에 개입할 수 있는 방안은 디자인을 향상시키는 방법적 지원에 있었다.

이를 위해 박물관은 전시디자인에 관한 워크샵들을 제공하고, 예술가나 디자이너들을 공동체 팀에 배치한다. 또한 관련 이야기들에 대해 해석이나 상호작용을 하기 위해 브레인스토밍 시간을 마련한다. 전시 평가 역시 이들 여러 단체들의 의견을 반영한다. 이들 참여 단체들이 전시를 시연할 기회와 평가의 기회를 제공하고, 해석과 창의적 전시에 도전하도록 제안한다. 이러한 예로 Eina 디자인 / 예술 디자인 대학과 협력하였고, 2007년 Museu Picasso 전시는 26명의 일러스트레이터들이 박물관에서 석 달 동안 머무르면서 사람들이 뮤지엄 샵과 화장실, 갤러리들에서 어떻게 살아가는지를 지켜보았다. 이들의 전시결과는 2009년 '피

카소를 다시 생각한다'는 전시에서 펼쳐졌다. 참가자들은 화장실 청소 규약부터 경비들의 순회, 박물관 밖에서 '사기꾼 예술가'가 저렴한 예술품을 팔러 다니는 것까지를 포함하였다. 전시와 마케팅의 방법에서 새로운 접근이었던 것이다. "다시 생각"하도록 예술가들의 시선으로 재구성한 전시는 매력적인 전시가 되었다.

이를 통해 우리의 전시문화를 보면, 우리는 관람자의 참여가 극히 제한되어 있을 뿐 아니라, 전시 그 자체를 해석하는 권한조차 관람자에게 부여되어 있기나 한 지 되묻게 된다. 거의 모든 박물관에서 전시해석은 관람자의 기본적인 학습권임도 불구하고 그것에 대해서 매우 제한적으로 서비스 하고 있음을 알 수 있다. 박물관의 전시해설은 도슨트라는 자원봉사자들에 의해 제공되는데, 이때 전시의 내용은 관람자의 해석을 추동하는 해설이 아니라, 관람자의 해석권을 제한하는 것을 전제로 설명과 해설에 불과하다는 생각이다. 따라서 전시는 오디오 가이드 해설과 별반 다르지 않음을 흔히 발견하게 된다. 이런 점에서 볼 때 우리의 전시문화는 개선될 여지가 크다.

앞서 논의를 토대로 우리 박물관의 활동에 대해 정리해 보자.

박물관이 우리 삶에 필요한 까닭은 무엇일까?

우리의 박물관은 우리 사회의 문제에 대해서 주목하지 않고 있다. 과거의 '회고'전에 머물러 있고 그것도 국가의 논지를 따르는데 주력하고 있다. 따라서 지역민의 관심과 참여의 전략은 모호할 뿐 아니라, 대상화되어 진행하고 있다 해도 과언이 아니다. 우리의 과거는 식민지의 역사였다. 상대적으로 제국주의자들의 횡포에 피해를 입은 역사였다. 예를 들어, 우리의 전시는 '미국 미술 300년'에서 우리의 식민지역사를 조망하기 보다는 그들 제국의 역사를 반복할 뿐이고, 영국과 프랑스 등에서 수입된 전시 역시 그러한 맥락을 변형시키는 노력은 미진하다. 제국주의 논리를 '그대로 베끼는'형국이다. 이것은 우리 사회가 우리 사회의 문제를 '보는 시각'이 결여된 것이고, 박물관에서 전시의 역할이 '문제해결'과 '참여'에 있지 않음을 반증한다. 박물관이 우리 삶에 필요한 까닭은 한마디로 관람자가 '주체'가 되는 통찰을 위한 전시다.

우리 사회에서 박물관은 어떤 가치가 있는가. 우리사회에서 박물관은 지역의 문화를 보존하고 전통을 잇는 역할을 한다고 알려져 왔다. 그러나 우리사회에서 박물관의 가치는 박물관 내부의 직원들과 몇몇 전공자들에 한하여 진행되고 있다해도 과언이 아닐만큼 대중을 외면하는 전시를 줄곧 시행하고 있다. 최근 국립중앙박물관의 용산개관과 여타 무료 관람제 실시, 교육부의 창의체험활동 등에 힘입어 많은 이들이 박물관을 찾고 있지만, 그 맥락을 보면 자신의 삶의 과거를 알기위한 것이라기보다, 점수따기의 방편으로 이용되고 있는 실정이다. 즉 박물관의 가치는 '고유의 전통'의 맥락에서 좀처럼 재해석되지 못하고 갇혀 있다고 하겠다. 따라서 현재 우리나라의 박물관의 가치는 일반 대중을 향한 것이 아니다. 일반 대중들은 전시를 '둘러보는' 정도로 참여하고 있다. 일반 대중들이 전시에 대해서 이렇다 저렇다고 평할 만큼의 기회는 더구나 없다. 전문가가 아니라는 점에서 그들의 의견은 배제되고 수렴되지 않고 있다. 따라서 현행 박물관의 가치는 전통과 전문가에 의해 고착화되어 있고 가치는 고정된 단 하나의 가치다. 따라서 우리 사회에서 박물관은 유물의 고전적 의미의 해석에 머물러 있다고 하겠다. 다양한 변화 속에서 새롭게 해석되고 조망되는 유물의 가치, 박물관의 새로운 참여가 필요한 시점이다.

지역민들이 박물관에 참여한다는 것은 무엇을 의미하고, 그것은 또 어떤 방식이어야 하는가. 지역민들이 박물관에 참여하는 것은 그들의 삶의 여정에서 과거의 의미가 현재 어떤 의미로든 재구성되는 경험이어야 할 것이다. 지역민들이 박물관에 참여하는 방식을 저자는 마케팅의 방식만이 아니라 실제로 관람자들의 참여를 통한 교육적 성장에 두고 있었다. 우리의 참여방식과는 차이가 드러난다. 우리의 참여방식은 이벤트 성만이 아니라 지역민의 고유한 '차이'에 주목하기 보다는 그들을 박물관의 논리에 '흡수'시키는 방식으로 진행하고 있다. 예를 들어, 전시에 대한 평가는 설문 평가로 진행되는 한계로 인해, 전시 경험이 관람자에게 어떤 의미로 재해석되고 있는지를 밝히지 못하고 있다. 또한 지역에 대한 전시평가는 국립민속박물관에서 시리즈로 진행되고 있지만, 지역민들이 주체가 되는 전시경험 이라고 볼 수 없다. 특히 기증전이 정기적으로 열리지만, 전시 주체는 여전히 박물관의 입장에서 기술되고 있다는 점에서 지역민의 참여는 현재 거의 이루어지지 않는다고 볼 수 있다. 이벤트와 각종 공연에서도 마찬가지다. 공연이 가장 많이 열리는 곳은 국립민속박물관인데, 이곳 공연의 방식은 예술가의 무대에서 좀처럼 벗어나지 않는 듯하다. 이것은 관람문화의 경직된 행태를 반영한다고 볼 수 있지 만, 한편으로 박물관에서 관람자의 참여 방식에 대해서 깊 이 고려하지 않은 결과로 보인다.

정리하면, 서사는 박물관에서 지역민이 주체가 되는 경 험으로서 참여를 이야기하고 있다. 참여의 의미는 곧 관람 자를 주체로 만드는 과정인 것이다. 참여의 과정에서 박물 관의 개입은 최소한이어야 하고, 참여의 주체는 관람자여야 한다는 점을 저자는 줄기차게 외치고 있었다. 우리의 박물 관에서 보면, 참여는 바로 학습권적 권리이며, 민주주의의 초석일 수 있다. 박물관 측은 이러한 참여의 의미를 박물관 의 전시와 공연, 교육 프로그램에 반영하여 공동체적 전시 를 만드는 데 협력하여야 할 것으로 보인다. 저자는 '참여' 의 의미를 박물관의 책임에서 찾고 있다. 즉 박물관의 사회 적 책임과 민주주의는 관람자들을 '주체로' 만드는 것에 있 다고 주장한다. 그런 의미에서 박물관에서의 참여는 지역 민과의 공동의 협력을 통해 자치의 능력을 회복하고 성장 시키는 데 있다고 볼 수 있다.

관람자가 자원봉사자의 설명을 들어가면서 수집된 공룡화석 표층을 직접 발굴해 보는
과정. 호주 멜버른 자연사박물관   ⓒ오명숙, 2014

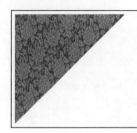

저자는 이번 장에서 참여 프로젝트 평가의 중요성을 강조하며 다양한 평가 방법을 소개하고 있다. 참여 프로젝트 평가는 "박물관과 같은 기관에서 가장 실천 빈도가 낮은 활동"(301쪽)이라고 간주된다. 저자는 올바른 평가가 이루어진다면 앞으로의 프로젝트에 더 좋은 영향을 미칠 수 있을 것이라고 주장하며, 그 평가에 있어서 다음의 네 가지 사항을 고려해야 한다고 설명한다.

1. 참여 프로젝트는 과정과 결과물 모두가 중요하다. 단순히 게시판에 몇 개의 의견이 올라왔는 지 등의 사항만 고려할 것이 아니라 참여자가 어떠한 활동을 했는지도 평가 대상이 되어야 한다.

2. 참여 프로젝트는 참여자만을 위한 것이 아니다. 프로젝트의 목표를 설정하고 결과를 평가하는 데 있어 직원들과 비참여 관람자들을 고려하는 것 역시 중요하다.

3. 참여 프로젝트는 점진적이고 조정 가능한 방향으로 나아가는 것이 좋다. 즉, 과정 자체가 중요한 경우가 많으므로 평가를 꼭 프로젝트가 종료한 후에만 할 것이 아니라 진행 도중에도 수행할 수 있다.

4. 평가 자체를 참여 프로젝트로 진행하는 것도 바람직하다. 특히, 프로젝트가 박물관과 지역사회 구성원이 공동으로 디자인한 것이라면 평가 부분에 있어서도 참여자를 포함시키는 것이 합당하다.

(301쪽)

다음으로, 저자는 참여 프로젝트의 영향을 평가하는 데에 있어 다음의 세 가지 단계가 요구된다고 말하며, 각 단계에 대해 좀 더 자세히 설명하고 있다.

1단계 : 목표에 대한 명시

참여 프로젝트 평가의 첫 번째 단계는 명확한 목표의 설정이다. 특히, 새롭거나 익숙치않은 프로젝트의 경우, 박물관 직원들은 프로젝트의 성공 목표에 대해 각기 다른 의견을 가질 수 있다. 따라서 모두가 공유할 수 있는 목표가 명시되어야 프로젝트가 공정하게 평가될 수 있다. 저자는 생명과학 박물관the Museum of Life and Science 이 설정한 7가지 목표의 예시를 들고 있다. 즉, 교육, 장소성sense of place 구축, 투명성 확보, 대화 장려, 관계 형성, 상호 공유의 여섯 가지를 기반으로 과학 지식의 육성이 가장 핵심적인 목표로 설정되었다. 이러한 목표 설정은 우선순위와 균형잡힌 진행 방향을 결정하는 데 많은 도움이 될 수 있다.

2단계 : 참여 성과의 정의

참여 프로젝트에 있어서 성과outcomes와 생산물outputs은 구별된다. 즉, 목표에 부합하는 지의 지침이 될 수 있는 것이 성과인데, 이는 참여 프로젝트를 진행하면서 단순하게 산출된 생산물과 다르다는 것이다. 예를 들어, "까다로운 주제의 대화를 위한 장 마련"이 프로젝트의 목표라면, 에이즈나 인종차별 등을 주제로 한 전시 기획 등은 참여 프로젝트의 성과

가 아니라 생산물이며, 성과로는 다양한 관점을 지닌 참여자
를 이끌었는지 혹은 각자의 의견을 수월하게 표출할 수 있었
는지 등을 말할 수 있다.

3단계 : 성과의 평가
생산물과 달리 성과는 프로젝트의 성공을 평가하는 기준
으로 활용될 수 있다.

(303쪽)

그렇다면, 성과를 통해 참여 프로젝트가 성공적이었음
을 측정하는 도구로는 어떠한 것들이 있을까. 저자는 신경
제학재단The New Economics Foundation이 정의한 효과적인 네
가지의 평가 지표를 소개한다. 즉, "행동 위주의, 중요하고,
측정가능하며, 단순해야 한다"(306쪽)는 것이다. 이 지표들
을 이해하기 위해 저자가 소개하는 미국의 과학 산업 박물
관the Museum of Science and Industry의 예시가 도움이 될 것이
다. 박물관은 REFLECTS라는 프로젝트를 다 년간 진행했는
데, 관람자의 "능동적인 참여"(307쪽)를 장려하기 위해 관람
자와 직접 대면하는 교육담당자들을 훈련시켜 가족 단위
관람자의 박물관 내에서의 활동을 보조하도록 했다. 이때,
능동적인 참여와 연관된 관람자의 행동을 11가지 항목으로
분류하여 그에 해당하는 행위가 발생할 때 영상이나 음성
녹화를 하도록 하였는데, 후에 녹화된 영상을 통해 교육담
당자와 관람자의 상호 교류는 놀랄만큼 발전해 있는 것을

확인할 수 있었다. 즉, 교육담당자들은 억지로 관람자의 참여를 유도하는 것이 아니라 관람자가 전시물과 개인적인 연결고리를 가질 수 있도록 훌륭하게 보조해 주었던 것이다. 앞서 소개된 네 가지 평가 지표처럼, 관람자의 행동을 중심으로, 녹화된 영상이 굳이 참여와 관련 없는 관람자의 사적인 질문일지라도 직원과 의사소통을 시도했다는 점을 더 중요하게 생각하며, 단순한 녹화라는 작업을 통해 발전된 결과를 낳을 수 있었다는 면에서 과학 산업 박물관의 평가는 성공적이었다고 할 수 있다.

다음으로 저자는 참여 프로젝트 평가에 적합한 질문에 대해 설명한다. 조사나 관찰, 추적 등의 분야에서 쓰이는 기존의 평가 방식 또한 참여 프로젝트에 적용될 수 있지만, 행동에 중점을 두는 참여 프로젝트의 평가에 더 알맞은 질문이 존재한다고 주장하며 저자는 다음과 같은 질문 항목을 소개한다.

참여자에 대한 질문

○ 참여가 자발적이라면 참여하는 관람자와 그렇지 않은 관람자의 개인 프로필은 각각 어떠한가?

○ 자발적 참여의 종류가 다양하다면, 각각 컨텐츠 개발, 평가, 수집 혹은 관전에 해당하는 관람자들의 차이를 구분할 수 있는가?

○ 샘플이 되는 컨텐츠의 수량이나 종류가 관람자의 참여를 유도하는 데 어떻게 영향을 미치는가?

○ 참여자들이 박물관과의 관계를 서술하는 방식이 다른 일반 관람자들과 다른가?

○ 참여자들이 프로젝트 진행과 더불어 새로운 단계의 주인의식이나 신뢰, 박물관에 대한 이해를 보이는가?

○ 참여자들이 프로젝트 진행과 더불어 새로운 기술이나 태도, 행동, 가치관 등을 보이는가?

○ 참여자들이 프로젝트 참여에 더 관여할 수 있는 기회를 찾는가?

직원들에 대한 질문

○ 참여 프로젝트 진행 과정이 직원들의 자신감과 박물관에 대한 가치 확립에 어떠한 영향을 미치는가?

○ 직원들이 프로젝트 진행과 더불어 새로운 기술이나 태도, 행동, 가치관 등을 시연하는가?

○ 직원들이 참여 프로젝트로 인하여 동료들이나 관람자와의 관계가 변화했다고 말하는가?

○ 직원들이 프로젝트 진행과 더불어 자신들의 역할을 기존과 다르게 설명하는가?

○ 직원들이 참여의 생산물을 어떻게 인지하고 있는가?

○ 직원들이 참여 프로젝트에 더 관여할 수 있는 기회를 찾는가?

비참여 관람자에 대한 질문

○ 관람자가 참여 과정을 통한 생산물과 기존의 방식을

통한 생산물의 차이를 말하는가? 각각의 생산물을 비
교 판단하는가?

○ 관람자는 참여 프로젝트가 누구에게나 개방되어 자발적
으로 참여할 수 있는 기회가 있다는 것을 인지하는가?

○ 관람자는 왜 참여하지 않는가? 어떻게 관람자가 참여
에 관심을 갖게 할 수 있는가?

(309쪽)

참여 프로젝트의 종류는 무궁무진하므로 어떤 하나의
질문이 평가 방법으로 사용될 수는 없다. 저자가 제시한 위
의 질문들을 적절히 활용한다면 다음의 참여 프로젝트 성
공을 위한 초석을 다질 수 있을 것이다.

저자는 2007년에 the Institute of Museum and Library
Services라는 기관에서 주관한 Take Two 라는 조사 프로젝
트의 예시를 들어, 참여자들의 토론이 주가 되는 참여 프로
젝트를 어떻게 평가할 것인가에 대한 방향을 제시한다.
Take Two는 미네소타 주립 과학박물관the Science Museum of
Minnesota에서 진행된 Science Buzz 라는 참여 프로젝트의
영향을 여러 방면의 전문가들이 함께 조사하도록 한 평가
프로젝트였다. Science Buzz 는 참여자가 과학에 관한 다양
한 의견이나 대화를 인터넷 등의 매체를 통해 게재하도록
한 프로젝트인데, Take Two 조사단은 주로 온라인상의 담
론의 조사를 통해 이용자들 간의 상호교류가 과학 지식 상
승에 어떠한 영향을 미쳤는가를 평가했다. 저자는 조사단

이 다음의 네 가지 질문에 초점을 맞추어 평가를 진행했다고 설명한다.

> 1. Science Buzz 를 통해 교류하는 공동체의 본질은 무엇인가?
> 2. 온라인상의 교류의 본질은 무엇인가?
> 3. 온라인상의 교류가 이용자들이 지식을 쌓는데 도움이 되는가?
> 4. 온라인상의 교류가 박물관 내에서 실제적으로 어떠한 영향을 미치는가?
>
> (311쪽)

Science Buzz 프로젝트가 참여자의 과학 지식을 쌓는데 미친 영향을 평가하기 위해 조사단은 온라인 상의 게시물에 대한 조사를 실시하였는데, 그 중 60%의 게시물이 과학에 대한 "자기 의견을 주장"(312쪽)하는 글이었다. 즉, 조사단은 박물관과 같은 학술적인 공간이 아닌 비공식적이고 자유로운 온라인상의 공간에서도 과학적인 논쟁이 활발하게 이루어지고 있음을 증명한 것이다. 조사단은 목적에 부합하는 질문들에 초점을 맞추어 그 질문에 대한 해답을 찾을 수 있는 적절한 조사 방법으로 온라인 게시물 조사를 실시했고, 이는 성공적인 프로젝트 평가라는 결과를 낼 수 있었다.

저자는 다음으로 참여 프로젝트의 특성 상 그에 대한 평가 역시 점진적이고 조정 가능할 수 있다고 말한다. 즉,

참여 프로젝트의 장점 중 하나는 프로젝트를 시작하기 전에 모든 것을 완벽하게 디자인할 필요가 없다는 것인데, 이는 참여자들의 반응에 따라 프로젝트가 진화하는 특성에 기인한다. 조정 가능한 평가 방식은 특히 인터넷 상에서 흔히 볼 수 있는데, 그 이유 중 첫 번째로 "이용자들의 행동 양식에 관한 데이터를 수집하는 것이 수월하기 때문"(314쪽)이라고 저자는 설명한다. 시중에는 이용자들이 방문하는 페이지나 그 이용 상황에 대해 실시간으로 통계 분석이 가능한 프로그램들이 무료로 배포되어 있기 때문이다. 다음으로, "대부분의 웹디자이너들이 그들의 디자인한 사이트가 점진적으로 진화되기를 기대하기 때문에 그러한 방식으로 홈페이지나 프로그램 등을 디자인한다"(315쪽)는 것이다. 즉, 웹 분석에 의해 어떠한 프로젝트의 활동이 가장 인기가 높았는지를 산출하여 다음의 진행 상황을 위한 지침으로 활용할 수 있는 것이다.

물론, 저자는 조정적인 평가 방식을 참여 프로젝트가 아닌 기존의 박물관 업무에 적용하는 것이 수월하지는 않다고 언급한다. 왜냐하면 평가에 따라서 계속 변화하는 프로그램이나 전시 계획 등은 업무를 진행하는 데 있어서 비현실적으로 많은 시간과 비용이 들기 때문이다. 그러나 참여 프로젝트에서의 지속적인 평가는 유용한 피드백을 통해 오히려 관람자가 더 수준 높은 문화적 경험을 할 수 있도록 한다. 저자는 박물관 내의 게시판을 예를 들어 설명하는데, 초기에는 부족한 면이 많은 이용자 게시판으로 시작했어도

필기도구나 작성 양식 등의 간단한 변화가 참여에 어떠한 영향을 미치는 지 확인할 수 있어서 지속적인 평가를 통한 조정이 가능하다고 덧붙이고 있다.

다음으로 저자는 참여자가 평가에 관여하는 부분에 대해 설명한다. 참여 프로젝트의 "가장 근본적인 가치는 참여자를 존중하는 데 있다"(317쪽)고 저자는 말한다. 이러한 맥락에서 프로젝트 디자인이나 실행 단계 뿐만 아니라 평가의 단계에서도 참여자를 포함시키는 것은 당연하다고 할 수 있다. 게다가 참여자는 "직원들이 간과할 수 있는 부분을 상기시켜 그들의 경험과 연관된 데이터를 수집하고 평가하는 효과적인 방법을 제시"(317쪽)할 수도 있다. 물론, 지역 사회에서 참여자를 평가 단계에 관여시키는 것은 쉽지 않을 수 있다. 대부분의 박물관의 경우, 조사부터 시작되는 참여 프로젝트의 모든 단계에서 참여자를 연관시키는 것은 비용적으로 무리일 수 있고, 혹은 참여자들이 마지막 단계까지 참여를 지속하기 힘들 수도 있다. 이때 저자는 평가의 단계에 참여자를 연관시킬 지의 여부를 어떻게 결정하는가에 대한 질문을 던진다. 즉, 다음의 다섯 가지 요소를 검토하여 해당사항이 많다면 참여자의 평가 단계 관여가 적절하다는 것이다.

○ 참여자의 의욕 : 참여자들이 평가에 관심을 갖고 참여하고 싶어하는가?

○ 참여자의 시간적, 물질적 가능성 : 프로젝트 종료 후

에도 평가 단계에서 참여를 계속하는 것이 가능한가?

박물관 측에서 그에 따른 비용 부담이 가능한가?

○ 참여자의 능력 : 참여자들이 공정한 평가를 위한 기술
적인 능력 및 신뢰성을 갖추었는가? 평가 지표는 아
마추어 참여자들이 수월하게 활용할 수 있는 수준인
가?

○ 관련성 : 참여자들이 평가에 참여하면 경력에 도움이
되는 등 개인의 경험치와 관련된 무언가를 습득할 수
있는가?

○ 투명성 : 박물관은 외부인들이 평가에 관여하는 것에
대해 개방적인가? 참여자들이 평가 결과를 공개하거
나 자유롭게 활용하는 것이 허용되는가?

(318쪽)

평가 단계의 참여를 실행하는 것이 여러 면에서 복잡할
수도 있다. 그러나 저자는 "마지막 단계까지의 참여가 다음
프로젝트를 개선할 수 있고 효과적으로 활용할 수 있는 도
구를 디자인할 수 있다"(319쪽)는 점에서 오히려 박물관이나
직원들에게 도움이 될 수 있다고 결론짓고 있다.

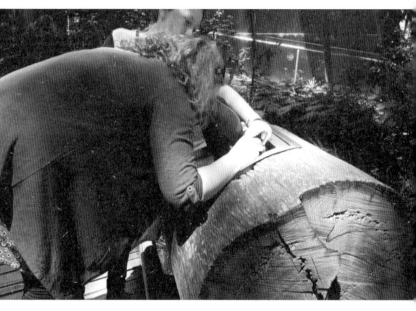

호주 멜버른 국립자연사박물관의 야외 식물원은 탐구할 수 있는 활동으로 관람객 참여를 유도하고 있다. ⓒ 오명숙, 2014

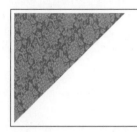

　본 저서의 1장에서 언급되었던, 참여자의 의견을 반영한 각각의 반납함에 책을 반납하도록 했던 Oost 도서관의 일례를 기억하는가? 저자는 참여 프로젝트의 유지와 관리에 대해 의견을 서술하기에 앞서 Oost 도서관 참여 프로젝트의 현실을 독자들에게 보여주고 있다(322쪽). 성공적인 참여 프로젝트의 사례로 소개되었던 Oost 도서관의 반납 시스템은 오히려 그 성공으로 인해 유지 관리에 난항을 겪게 되어 결국 마감할 수 밖에 없었다. 참여자들이 어느 반납함에 넣을 지 너무 심각하게 고민하게 되자 반납하기 위한 줄이 너무 길게 생성되어 반납 시간이 지연되었고, 특정 반납함에 책이 몰리는 현상으로 인해 도서관 직원들이 협소한 공간에서 효율적으로 업무를 진행할 수 없었기 때문이다. 이는 참여 프로젝트가 성공적이라 할지라도 박물관 등의

제11장

참여의 관리와 유지
Managing & Sustaining Participation

이주현

기관에서 그 유지를 위한 환경이 제공되지 않는다면 프로 젝트는 계속될 수 없다는 것을 의미한다. 저자는 이러한 박 물관의 환경적인 측면을 "기관 문화institutional culture"라고 표현한다(322쪽). 따라서 참여 프로젝트는 그 디자인이 얼마 나 창의적인지 와는 관계없이 직원들의 관리가 가능한 기 관 문화가 동반되어야만 성공적일 수 있다.

성공적인 참여 프로젝트를 위한 기관 문화란 어떤 것이 있을까? 저자는 2008년 온라인 컴퓨터 도서관 센터Online Computer Library Center에서 발행한 보고서에서 다음과 같은 세 가지 이유가 협력 프로젝트를 실패로 이끄는 흔한 원인 이라고 인용하고 있다. 즉, 프로젝트의 아이디어가 대단한 중요성을 띄지 않거나, 아직 미성숙하거나 혹은 너무 압도 적인 경우라는 것이다. 위의 이유 중에서 뒤의 두 가지 원인은 기관 문화와 관련이 있다고 할 수 있다. 저자는 참여 프로젝트의 운영이 기관 문화와 충돌하게 되는 경우는 다음의 다섯 가지 사안이 주된 원인이라고 주장한다.

1. 몇몇 문화재 전문가들은 참여 프로젝트가 가벼운 유행이라고 인식하여 머지않아 사라지게 될 가치 없는 오락물이라고 여긴다.
2. 참여 프로젝트는 기관의 통제에서 벗어날 수 있는 위험적인 요소가 있다고 판단될 수 있다.
3. 참여자와 개별적인 의사소통이 이루어져야 하는 참여 프로젝트 진행 시 기관의 개방적이지 않은 운영 정책과 충돌할 수 있다.
4. 새로운 방식의 참여 프로젝트는 박물관의 기존 평가 방식으로 판단할 수 없다.
5. 참여 프로젝트는 기존의 전시 프로그램 개발보다 시간과 자금이 더 많이 투입될 수 있다.

(323쪽)

박물관과 같이 전통 있는 문화 기관에서 참여를 이끌어 내기가 쉽지 않다는 점은 비단 한국 뿐만 아니라 전세계적인 사안이다. 관람자의 교육이 운영 목표 중의 하나인 문화 기관에서 참여자들의 검증되지 않은 기술을 응용한다는 것은 위태로울 수 있다는 것이다. 그러나 위의 다섯 가지 사안이 충분히 고려된다면 현재 박물관의 현실적인 운영 체계를 존중할 수 있는 안정적인 참여 프로젝트의 개발이 가능하다. 예를 들어, 메모지를 전시장에 붙이는 방식으로 참여자의 반응을 유도하는 프로젝트가 전시장의 미관을 떨어뜨리고 메모 내용면에서도 수준이 낮다고 판단된다면 홈페이지를 통한 참여 방식으로 변환할 수 있다고 저자는 말한다. 이로 인하여 박물관 측은 운영 체계에 모험을 시도하는 방식이 아닌 좀 더 안정적인 프로젝트 진행을 할 수 있는 것이다. 그러나 참여자가 홈페이지 등의 기관 시스템에 직접 접속하는 방식은 박물관 직원들이 "참여"라는 행위와 멀어질 수 있게 하는 문제점을 야기할 수 있다. 따라서 저자는 가장 이상적인 참여 프로젝트의 시발점은 직원들로부터 시작되는 참여라고 설명한다(327쪽).

저자가 말하는 직원들로부터의 참여는 참여 프로젝트의 여러 가지 방식을 도입하는 데 가장 훌륭한 시작점이다. 참여 프로젝트 개발을 위한 교육으로 인해, 직원들은 새로운 시도에 대해 개방적이고 편안하게 느낄 수 있을 것이다. 저자는 참여박물관이란 관람자의 참여만 연관된 것이 아니라 직원과 운영진들까지도 포함하는 기관이라고 말한다. 2007년 미국 노스캐롤라이나 주의 생명과학박물관Museum of Life and Science에 도입된 참여 프로젝트는 직원들로부터 시작된 새로운 참여 방식의 도입을 설명하는 훌륭한 사례이다(328쪽). 박물관 측은 실험적인 소규모 프로젝트를 통해 직원들로부터의 참여가 박물관 전체에 영향을 미칠 수 있다는 것을 증명한 것이다. 우선 원예부서의 직원들에게는 일주일에 한번씩 플리커Flickr라는 사진 공유 사이트에 희귀한 식물의 이미지를 올려서, 다른 인터넷 관람자들이 자신들이 개인적으로 보유한 해당 식물의 이미지나 의견들을 댓글로 달도록 하였다. 6개월 동안 직원들은 단지 23개의 사진만 올렸을 뿐인데, 해당 프로젝트는 186개의 이미지, 137개의 댓글과 3,722번의 조회수라는 성과를 올리게 되었다. 이는 적은 컨텐츠만을 제공하는 간단한 참여를 원했던 직원들의 의견을 존중하면서 전세계 참여자들의 관심을 불러일으킬 수 있었던 계기가 되었다. 반대로, 박물관의 동물 사육사들에게는 좀 더 적극적인 참여를 권장하였는데 사육 동물에 관한 사소한 일상을 블로그에 올리도록 하였다. 직원들은 초반에 회의적이었으나 결국 관람자의 열정적인 반응으로 이어지면서 박물관 전체에 대한 관심으로 발전하자, 일주일에 여러 번 사육 동물에 관한 에피소드, 사진이나 비디오를 업로드하는 등 활발한 참여로 연장되었다. 즉, 저자는 직원으로부터 시작되는 실험적인 프로젝트는 직원들이 스스로의 역할에 큰 부담이나 위협을 느끼지 않으면서 박물관 전체의 이익을 도모할 수 있는 효과적인 방법이라고 결론짓고 있다.

다음으로, 저자는 구시대적인 방식으로부터 벗어나 기관 문화를 변화시킬 수 있는 방법에 대해 설명한다. 많은 박물관들은 관람자와 소통하고 싶지만 어디서부터 시작해야 할 지 모르겠다는 입장을 취하고 있다(330쪽). 이러한 박물관의 직원들은 관람자가 누구이고 왜 박물관을 방문하는

지, 혹은 관심사가 무엇인지도 인지하지 못하는 경우가 대부분이다. 심지어 관람자가 전시장이나 유물을 훼손시킬까 두려워할 수도 있다. 저자는 이러한 분위기의 박물관 문화를 변화시키기 위한 가장 수월한 방식으로 직원들이 제일선에서 관람자와 소통하는 것을 제시한다. 직원들이 관람자를 직접 응대하면서 질문에 대해 답변하는 등의 간단한 의사소통으로 인해 관람자의 요구사항이나 관심사를 파악할 수 있게 되어 관람자의 적극적인 참여로 이어질 수 있는 시작점이 될 수 있다는 것이다.

그렇다면 참여 프로젝트를 관리하는 직원들의 이상적인 역할은 무엇일까. 참여 프로젝트는 전형적인 박물관의 전시 프로젝트와는 구분되는 점이 많은 관계로 참여자 공동체를 관리하는 관리자의 존재가 필요하다고 저자는 설명한다. 따라서 공동체의 관리를 책임지게 될 관리자의 자질은 매우 중요하다고 할 수 있다. 저자는 우수한 공동체 관리자는 "프로젝트 참여자 개개인과 직접 의사소통을 한다기 보다는 박물관 직원과 자원봉사자, 관람자 등 각기 다른 관심사를 갖고 있는 사람들을 유기적으로 연결해주는 역할"(333쪽)을 수행해야 한다고 말한다. 바람직한 참여 공동체의 모습은 "봉건사회"(333쪽)가 아닌 "네트워크"(333쪽)의 양상을 띄어야 하기 때문이다. 공동체 관리자가 프로젝트 관리자와 같이 참여자들을 가르치고 인솔하는 역할을 수행한다면 프로젝트 초반에는 오히려 운영이 수월할 수 있다. 그러나 프로젝트가 진행될수록 참여자들은 관리자에게만

의존하게 되고, 결국 관리자의 부재나 프로젝트 종료 등의 시점이 오면 참여자들 간의 능동적인 관계가 자리잡지 못한 프로젝트는 더 이상 존속할 수 없을 것이다. 따라서 저자는 공동체 관리가 중앙집권방식에서 벗어나야 한다고 주장한다.

물론, 참여자 공동체 관리자가 "독특한 개성과 카리스마"(334쪽)으로 관람자와 참여자의 집중적인 관심을 유도할 수는 있다. 그러나 저자는 그 관리자의 부재 이후 발생될 사항에 대해 고려해야 한다고 말한다. 즉, 이상적인 관리자는 "감독관"(335쪽)이 아닌 "중개인"(335쪽)이 되어야 한다는 것이다. 공동체 내의 참여자들이 다양한 목소리를 낼 때 모든 분야에서의 참여자들에게 개방된 프로젝트가 진행될 수 있을 것이다. 이상적인 관리자가 존재하는 참여 프로젝트에서는 관람자가 대표 단 한 사람과 의사소통을 하는 것이 아니다. 관람자가 관심 있는 분야의 컨텐츠와 그 담당자에게 직접 연결될 수 있어야 하며, 능력 있는 관리자는 중개인 역할을 통해 이것이 가능하도록 해야 한다고 저자는 결론짓는다.

이 때, 이러한 방식으로 구성된 참여 공동체에 접근하는 참여자가 있다면 초반의 의문점을 해결해 줄 책임자가 없다는 점에서 혼란이 야기될 수 있지 않을까 하는 의문이 생긴다. 저자는 참여의 시작을 도와주는 코디네이터의 존재는 유용하지만, 그 개인이 참여자 간의 소통을 담당하는 유일한 통로가 되어서는 안 된다고 말한다. 관리자의 역할은 참여자들을 위해서만 중요한 것이 아니라 박물관 직원들의 참여에도 영향을 미친다. 즉, 직원들의 참여가 본래의 업무에 지장을 주지 않도록 효율적인 역할 배분을 실행하는 관리자는 박물관 전체의 참여 활동이 무리 없이 유기적으로 연결되고 진행될 수 있도록 한다.

저자는 참여 프로젝트를 "정원 가꾸기"(338쪽)에 비유하여 프로젝트를 개발하는 것보다 유지하고 관리하는 것이 더 힘든 일이라고 설명한다. 심지어 단순한 의견 게시판을 유지하는 것조차도 기존의 전시 관리 시스템과는 달리 "끊임없는 조정과 체계적인 조직화가 필요하다"(340쪽)고 저자는 말한다. 이러한 지속적인 시스템이 개발된다면 Oost 도서관의 경우와 같이 참여 프로젝트의 규모에 압도당하여 중단할 수밖에 없는 사태는 사전에 방지할 수 있을 것이다. 그러나 소규모 박물관의 경우, 참여 프로젝트의 변화하는 규모에 걸맞는 관리 시스템을 개발할 수 없다면 "적절한 한계를 설정하는 것이 중요하다"(341쪽)고 저자는 역설한다. 산호세 미술관The San Jose Museum of Art에서의 〈자동차 여행 Road Trip〉이라는 전시와 함께 기획된 참여 프로젝트가 그 좋은 일례이다. 미술관은 전시를 홍보함과 동시에 관람자의 역동적인 참여를 도모하고자 실제로 여행하는 도중 미술관으로 엽서를 보내도록 하여 그것을 전시하였는데, 프로젝트의 홍보 수단으로 유튜브를 활용하였다. 첫 8주 간에는 유튜브 홍보 영상 조회수가 1,000건에 그쳐 많은 관심을 끌지 못하였다. 그러나 갑작스런 유튜브 초기화면 노출로 인해 조회수가 순식간에 80,000건에 이르렀고 전 지역에서 250통의 우편 엽서가 도착하였다. 미술관 측은 수백통의 엽서를 스캔하여 디지털화할 인력을 갖추고 있지 못했고, 결국 스스로의 업무 한계를 설정하여 엽서를 수집하고, 정리하여 전시하는 데에만 집중했다. 물론, 엽서를 보낸 참여자들은 미술관의 전시실을 직접 방문하지 않는 이상 자신들의 엽서가 전시되었는지에 대한 정보를 접할 수가 없었다. 이 일례에서 저자는 이 프로젝트가 지속되기 위한 해결책을 제시하고 있지는 않다. 그러나 특정한 전시와 수명을 함께 하는 참여 프로젝트의 경우, 한계를 설정하여 프로젝트 종료까지 초반의 취지를 벗어나지 않는 원활한 운영을 유지하는 것 역시 중요하다는 것이다. 박물관 스스로의 능력을 파악하여 적절한 수준의 관리 시스템을 운영한다면, 프로젝트의 포화상태로 인해 진행을 중단해야만 하는 사태는 피할 수 있을 것이다.

지금까지의 전문을 통해 소개된 많은 참여 프로젝트의 예시들이 단기적이고 일시적인 이벤트성인 경우가 대부분이었다. 이는 박물관에서 운영되고 있는 참여 프로젝트의 대다수가 그러한 경우라는 것을 의미한다. 그렇다면, 박물관의 설립 취지와 부합하여 장기적으로 지속될 수 있는 참여 프로젝트를 운영하려면 어떻게 해야 할까? 저자는 참여의 흐름이 직원으로부터 참여자로 내려가야 한다고 주장하며, "박물관 직원들은 각종 참여 프로젝트가 박물관의 설립 목적에 합당하고 직원들과 참여자 모두에게 가치 있는

활동이라는 것을 보여주어야 한다"(343쪽)고 설명한다. 즉, 구시대적인 기관 문화를 변화시켜 생산적인 참여 프로젝트를 진행하려면 기관 측에서 확실한 리더십을 가지고 이끌어 나가야 한다는 것이다. 그러나 변화는 위에서부터 뿐만 아니라 아래에서부터 시작될 수도 있다. 저자는 "궁극적으로는 참여가 CEO나 이사진들이 아닌 직원들과 참여자들에 의해 계승되고 유지된다"(343쪽)라고 말하고 있다. 큐레이터나 전시 디자이너와 같은 직원들이 각자의 위치에서 관람자와 소통하고 참여 방법을 개발하는 것이 기관 내에서 참여자와의 관계를 구축하는 것이다. 어느 방향에서부터 시작되었든지 기관 문화의 변화를 위한 의지를 가지고 참여자와 새로운 관계를 모색한다면 참여 프로젝트는 지속적인 운영이 가능할 것이다. 이는 "운영진과 같은 관리자들은 직원들이 참여 시스템을 개발하는 것을 가장 효율적인 방향으로 보조하고, 직원들이나 참여자들은 새로운 참여 방법을 개발하여 참여 프로젝트의 가치를 높이는 것"(346쪽)이 구체적인 방안이 될 수 있을 것이다.

마지막으로 저자는 이미 박물관 내에서는 이러한 변화를 꿈꾸는 관리자나, 직원들, 자원봉사자와 운영진들이 존재하고 있다고 말하며, "그들 중의 하나일 수 있는 독자들이 본 저서를 통해 각자의 기관에 참여 프로젝트를 소개할 수 있게 되기를 바란다"(346쪽)고 결론짓는다. 필자가 현재 근무하고 있는 재단법인 예올의 전시를 방문하는 관람자들도 전시 관련 동영상과 전시물과의 관계 및 의미, 혹은 전시물의 용도에 관해 질문하며 필자와 교류하고 있다. 참여 프로젝트로써 디자인된 전시는 아니지만, 관람자가 전시에 표현하는 관심에 응대하고 적극적으로 답변해주는 것도 저자가 언급한 참여 중의 하나라고 할 수 있다. 예를 들어, 2013 예올의 젊은 공예인상을 수상한 이광호 작가의 'New Armor Series'는 한 눈에 보았을 때 순수예술품인지 용도가 있는 공예작품인지 정의내리기 힘들다. "이게 뭐에요?"하고 질문하는 관람자는 전시물에 대한 관심을 표현함으로써 의사소통하기를 원하고, 의자로써의 기능성과 조형적인 예술성 모두를 갖춤과 동시에 한국 고유의 갑옷에서 영감을 얻은 디자인이라고 답변하는 필자와의 대화를 통해 이 의사소통은 단순히 전시물에 국한된 것이 아니라 기관 관계자, 또는 더 넓게 한국전통문화를 보존하고자 하는 기관의 목적에까지 다다르는 폭넓은 교류인 것이다.

자원봉사자와의 만남, 사소한 질의응답과 같은 교류로부터 참여는 시작될 수 있다. 대단한 예산이나 많은 시간을 투자하는 것만이 참여 프로젝트 성공의 요소가 아니라는 것이 본 저서의 핵심 중 하나이다. 나로부터 시작되는 의식의 변화가 전체로 발전하여 기관 문화에 영향을 미칠 수 있는 것이다. 필자도 또한 독자의 한 사람으로서 이러한 변화를 일으키는 촉매가 될 수 있기를 소망한다.

오명숙, 「박물관교육의 평생교육적 함의」, 『평생교육학연구』 20, 한국평
생교육학회, 2014.

Beat Hächler, "Capturing the Presetin Exhibition Design." *Exhibitionist*.
National Association for Museum Exhibition 21(2), 2008, pp.45~50.

Csikszentmihalyi, M. and K. Hermanson, "Intrinsic motivation in museums:
What makes visitors want to learn?" *Museum News* 74(3), 1995,
pp.34~37, 59~61.

Joshua Gutwill, *Formative Evaluation Report for Spinning Blackboard*,
San Francisco: exploratorium, October 2002.

Nora, Pierre. "Between Memory and History: Les Lieux de Memoire."
Representations 26, Chicago: University of California Press, 1989,
pp.7~24.

Scott G. Paris., *Perspectives on Object-Centered Learning in Museums*,
LAWRENCE ERLBAUM ASSOCIATES, Pub. 2002.

Stephen bitgood, *attention and value-key to understanding Museum
Visitors*, WALNUT CREEK, CA. 2013.

〈사이트〉
[검색일: 2015.01.05.], http://www.museum.go.kr/site/homepage/menu/
viewMenu?menuid=001007001
[검색일: 2014.10.01.], http://www.mmca.go.kr/contents.do?menuId=5010001100
[검색일: 2015.10.05], http://www.exploratorium.edu/nanoscape/what_are_we
_building.php
[검색일: 2015.01.05], http://postsecret.com